Gestión del conocimiento y el papel de RR. HH.

Chris Harman y Sue Brelade

Traducción: J. Gil-Rodrigo

Dedicatoria

Este libro está dedicado a Charles Harman por su constante entusiasmo en la búsqueda del conocimiento y su compromiso de compartir ese conocimiento con amigos, colegas y estudiantes y para JGR.

Por los mismos autores:

"A Practical Guide to Knowledge Management", Pub. Thorogood (2003) ISBN 1 854182307

Y con el Dr. Tony Millar:

"Practical Training Strategies for the Future", Pub. Financial Times Management (1999) ISBN: 0 273 63395 3

"101 Tips For Trainers", Pub. Financial Times Pitmans Publishing (1997) ISBN: 0 273 63258 2

Agradecimientos

Los autores quieren agradecer al Dr. Peter Roberts y a Andrew Docherty por su inestimable contribución y a sus respectivas organizaciones por los permisos para publicar sus casos de estudio. Los autores desean también dar las gracias a otros individuos y organizaciones que contribuyeron con sus casos de estudio para este libro pero no desean ser mencionados o reconocidos individualmente. Los autores agradecen también a Andrew Mould y Stephane Partridge de la dirección de Financial Times por su apoyo y sus valiosos consejos sobre la edición.

Sobre los autores

Sue Brelade BA (Hons), MA, Dip.Mgt, FCIPD, ACIL, trabaja como consultora de Recursos Humanos. Ha adquirido amplia experiencia en la aplicación práctica de formación y desarrollo y de trabajos en RR. HH. en sectores industriales tan diversos como gobierno central y local, contratación, medios de comunicación, transporte, servicios financieros y organizaciones comerciales. Ha trabajado en el Reino Unido y en otros lugares de Europa, donde sus habilidades políglotas le han resultado de gran valor, así como en Naciones Unidas en relación con el concepto *e-government* y las relaciones entre RR. HH. y la gestión del conocimiento. La unión de sus conocimientos prácticos y académicos para el diseño y realización de soluciones en el área de Recursos Humanos han prestigiado sus capacidades en la comprensión y logro de las necesidades de los negocios.

Christopher Harman BA (Hons), MA, FCIPD, reúne considerable experiencia en su trabajo con organizaciones a nivel estratégico y senior. Anteriormente director ejecutivo y de RR. HH. Tiene extensa experiencia como profesional de RR. HH. y dirección estratégica. Ha trabajado como experto con Naciones Unidas sobre el concepto *e-government* y la modernización de servicios públicos y ha actuado como asesor profesional en cuestiones relativas a RR. HH. con proveedores de empleo relevantes. Su interés en políticas sociales de mayor amplitud le han llevado a involucrarse a nivel de gestión en varias organizaciones benéficas y su trabajo en el campo del desarrollo de gestores le han valido reconocimiento a nivel nacional.

"Vivimos en un mundo donde las fronteras de las organizaciones son realmente «permeables»..".

TABLA DE CONTENIDO

Introducción a la edición española

Desde que este libro fue publicado por vez primera en el 2000 el cambio más notorio en el área de gestión del conocimiento ha sido el crecimiento de los medios de comunicación social y su impacto en la capacidad de compartir conocimiento e ideas. Vivimos en un mundo donde las fronteras de las organizaciones son realmente «permeables», una cuestión sobre la que hemos escrito en otras ocasiones.

A pesar de los cambios tecnológicos y al hecho de que vivimos en un panorama económico muy distinto al que había cuando este libro fue escrito, creemos que las lecciones y principios contemplados en este libro siguen siendo válidos – muchas cosas pueden haber cambiado a nuestro alrededor, pero la naturaleza humana es lenta en su evolución y este libro trata fundamentalmente de la dimensión humana en la gestión del conocimiento.

Chris Harman y Sue Brelade 2014

Introducción a la primera edición

Las distintas organizaciones y personas, tienen visiones distintas de lo que se entiende por gestión del conocimiento. Para algunos, tiene que ver con la información. Para otros, con la tecnología y los 'sistemas expertos'. Y sin embargo, el conocimiento es un concepto muy humano. Lo que la gente hace con su conocimiento es el auténtico impulsor de la ventaja competitiva en una 'economía basada en el conocimiento'. En el Capítulo 1 de este libro presentamos una definición práctica de la gestión del conocimiento que engloba los diferentes puntos de vista e incorpora ese esencial 'factor humano'.

Al escribir este libro no ha sido nuestra intención generar un trabajo académico o definitivo. Su función es servir como informe y cubrir los aspectos básicos de un modo que esperamos sea informativo y práctico. En cada capítulo hay listas de verificación, diagramas y sumarios. Puede leerse como libro o usarse como recurso en el que 'sumergirse' según surja la necesidad. No pretende presentar todos los puntos de vista en las cuestiones planteadas, pero proporciona bibliografías, asociadas a los capítulos, para aquellos que deseen estudiar con mayor profundidad alguno de los tópicos expuestos.

El libro cubre las áreas centrales relativas a RR. HH. de la cultura organizativa, contratación, selección y planificación de la sucesión, sistemas de compensación, formación y desarrollo y el papel de la dirección en un entorno de conocimiento.

El tema de la gestión del conocimiento plantea cuestiones interesantes y complejas. Hemos podido tratar algunas. Otras no hemos podido abordarlas en los límites de lo que pretendemos sea una introducción para ejecutivos con frecuencia escasos de tiempo.

De las cuestiones que no hemos podido tratar, dos mantienen su importancia de cara al futuro. La primera es el efecto que tendrán las cada vez mayores reglamentaciones relativas al empleo sobre la gestión del conocimiento. Este aspecto es problemático si aceptamos que la gestión del conocimiento está ligada de modo inseparable con el fomento de la innovación y la creatividad en los lugares de trabajo. La segunda es cómo una economía basada en el conocimiento, y bajo ella, una sociedad basada en el conocimiento, interaccionará con un modelo de negocio competitivo. Este aspecto es también problemático si aceptamos que el conocimiento progresa con la compartición de ideas e información.

De las cuestiones que hemos podido tratar, esperamos que usted como lector encuentre las opiniones informativas, la presentación interesante y las conclusiones, en ocasiones, atrevidas. Y si este libro ayuda a promover el debate sobre la gestión del conocimiento desde el punto de vista de las personas, habrá logrado su propósito.

Chris Harman y Sue Brelade 2000

Sumario para ejecutivos

En el Capítulo 1 se discuten los conceptos asociados a la gestión del conocimiento, y su asociación tradicional con procesos organizativos y sistemas (en particular sistemas de tecnologías de la información), con la gestión de la información y con la interfaz entre individuos e información. Un empleado en el área del conocimiento ha sido visto tradicionalmente como un especialista dotado de buena formación y bien pagado. La llegada de la economía basada en el conocimiento requiere una comprensión más amplia de la gestión del conocimiento y del concepto de empleado asociado al conocimiento.

Un número cada vez mayor de empleados realizan trabajos basados en conocimiento e información. Interaccionan diariamente con tecnología sofisticada y sistemas de información. El concepto de 'empleado del conocimiento' debe incluir a estos individuos, que se encuentran en todos los niveles dentro de las organizaciones.

Una definición práctica de gestión del conocimiento necesita incorporar la idea de que se trata de algo más que gestionar sistemas de información y datos. La gestión del conocimiento, para ser efectiva, debe incluir la idea de que, las ventajas competitivas y la excelencia en el servicio se alcanzan sólo a través de la adquisición de conocimiento por parte de los individuos, y su disposición a aplicar sus conocimientos en beneficio de la organización.

La definición práctica de gestión del conocimiento presentada en este capítulo es que:

> *Gestión del conocimiento es la adquisición y uso de recursos para crear un entorno en el que la información es accesible a los individuos y en el que los individuos adquieren, comparten y usan dicha información para desarrollar su propio conocimiento y son alentados y habilitados para*

aplicar su conocimiento en beneficio de la organización.

Esta definición indica el enfoque multidisciplinar necesario en las organizaciones comprometidas con la gestión del conocimiento. Es también obvio en esta definición que Recursos Humanos (RR. HH.) debe jugar un papel central y no puede ignorar la cuestión.

La gestión del conocimiento tiene profundas implicaciones en la cultura de una organización, ya que es esta cultura la que ayuda a dar el salto entre proporcionar tecnología e información a los 'trabajadores del conocimiento' y su uso efectivo en beneficio de la organización. Una cultura orientada a la gestión del conocimiento es aquella que valora:

a) la formación de redes y contactos amplios externos e internos;

b) respeto por los individuos;

c) creatividad e innovación;

d) confianza;

e) compartición de ideas e información;

f) sistemas y procedimientos de base consistentes;

g) aprendizaje y desarrollo continuos.

Trabajar con la cultura existente, entender y avanzar en los valores que conducen a una gestión del conocimiento efectiva, es la forma más adecuada de cambio que sea a la vez aceptable por los trabajadores del conocimiento. Crear una cultura para la gestión del conocimiento con este enfoque, requerirá cambios en los sistemas y los procesos, en la forma de hacer las cosas, que transmita la cultura organizativa a los nuevos empleados y refuerce la cultura organizativa en los empleados actuales.

En el Capítulo 2 la atención se centra en alcanzar las necesidades de conocimiento presentes y futuras a través de la contratación de nuevo personal, retención del personal existente y planificación de su sucesión.

Al analizar la contratación, retención y sucesión de empleados desde una perspectiva de gestión del conocimiento, la idea de 'ocupar puestos de trabajo' se ve como menos relevante que la idea de llenar huecos en el conocimiento – sean actuales o anticipados.

Rechazar la noción de 'huecos en los puestos de trabajo' que deban ser cubiertos, y centrarse en personas a ser contratadas o huecos en el conocimiento a ser llenados, conduce a un proceso de contratación más flexible. Pero también comporta tensiones que surgen del modo en que la noción de 'puesto de trabajo' está imbricada en las legislaciones laborales (en el Reino Unido y en otras zonas) y en las prácticas de RR. HH.

Para ser efectivos en la contratación de trabajadores del conocimiento, la función de RR. HH. precisa asegurar que existe una correspondencia entre los valores proyectados por la organización a los empleados potenciales y los valores de dichos empleados. Y ello no se limita a los valores reflejados en los anuncios de contratación o las exposiciones de RR. HH. : incluye también los valores reflejados en los informes anuales de las compañías, los datos procedentes de medios sociales, prensa y publicidad, así como informes tradicionales. Todo ello exige una alianza estratégica entre la función de RR. HH. y los profesionales de relaciones públicas y marketing.

Flexibilizar el proceso de contratación no significa hacer menos rigurosos los procedimientos de selección. Pero en un entorno de conocimiento, los procedimientos de selección deben ser aceptables para los contratados potenciales, y reflejar el cambio en el equilibrio de poder entre trabajadores con altas habilidades en cuanto a conocimientos y las propias organizaciones, así como los cambios en expectativas sociales.

El proceso de selección en un entorno de conocimiento debe usar cuidadosamente las normas de comparación, especialmente si están basadas en datos internos y diseñadas para lograr 'adecuación cultural'. Ello podría en la práctica descartar a los individuos más creativos e innovadores y reducir la futura competitividad de la organización y su capacidad de pensar y actuar de modo diferente. Más importante que la adecuación cultural es la habilidad, demostrable por parte del candidato, para ser eficaz en culturas organizativas diferentes.

Planificar la sucesión en un entorno de conocimiento no es tanto llenar puestos de trabajo vacantes, como planificar el modo de cubrir necesidades de habilidades y conocimientos predecibles con los recursos disponibles. Ello no se refiere sólo a personas, sino que comprende también planes integrales de 'retiro' de personas, sistemas y tecnología.

La retención de trabajadores del conocimiento debe reconocer la importancia del contrato psicológico. Un papel importante de RR. HH. es concebir un contrato psicológico y lograr que todos los niveles comprendan su importancia. La retención de trabajadores del conocimiento requerirá por parte de RR. HH. normas y prácticas para permitir que los individuos puedan alcanzar sus aspiraciones individuales y elegir su 'estilo de vida'. Tales normas deben ser suficientemente flexibles como para aceptar que tales elecciones en 'estilos de vida' serán distintas en las diferentes etapas de la vida de las personas, y no deben reflejar necesariamente el 'camino ascendente' que suele asumirse en la progresión laboral tradicional.

En el capítulo 3 nos centramos en el reconocimiento. En un entorno de gestión del conocimiento, el Sistema de reconocimiento debe reforzar la adquisición, uso y compartición de la información. Para ello, necesita incorporar elementos, retributivos o no, y ser desarrollado consultando con aquellos a los que se pretende reconocer.

El elemento retributivo del sistema de reconocimiento debe adecuarse al fomento de una gestión eficaz del conocimiento, en especial si las preferencias de la organización se orientan al rendimiento. El requisito de retener a los trabajadores del conocimiento en su campo de experiencia puede suponer un desafío a la 'jerarquía de salarios' tradicional y puede ser necesario desarrollar diferentes rutas de progresividad en los salarios que no requieran que los empleados abandonen sus áreas de experiencia y se trasladen a puestos de gestión.

El Sistema de reconocimiento debe aceptar que, tipos diferentes de reconocimiento tienen diferentes horizontes temporales. Por ejemplo, el reconocimiento 'inmediato' de bonificaciones y comisiones y el reconocimiento a largo plazo en forma de acciones o pensiones no comparten el mismo horizonte temporal ni tienen el mismo impacto en el comportamiento. Esto debe tenerse en cuenta al desarrollar el sistema de reconocimientos. Es muy probable que, en un entorno de conocimiento, sea precisa una mezcla de reconocimientos a corto y a largo plazo. Esta mezcla producirá un impacto inmediato y proporcionará satisfacción inmediata a los trabajadores del conocimiento, pero también producirá un compromiso a largo plazo con la organización y cubrirá las aspiraciones a largo plazo de los trabajadores del conocimiento.

El diseño de los elementos no retributivos del Sistema de reconocimiento requerirá revisar cómo la gente es dirigida en el día a día y también desarrollar esquemas formales e informales de valorar las ideas y contribuciones de las personas.

En el capítulo 4 centramos la atención en la formación y el desarrollo como uno de los papeles clave a través de los cuales RR. HH. puede involucrarse y contribuir a una gestión del conocimiento eficaz dentro de una organización. Pero una contribución en este área requiere una perspectiva estratégica.

Parte de esta estrategia supone potenciar a los directivos para fomentar la innovación y la creatividad, y potenciar al staff directivo para que gestione su propio aprendizaje y desarrollo.

Y también conlleva entrenamiento directo en la aptitud para usar la información eficazmente y en métodos para generar nuevas ideas y nuevas formas de hacer las cosas, así como implicarse activamente en desarrollo tecnológico en los puestos de trabajo.

La metodología de entrenamiento puede usarse eficazmente en la organización para desarrollar trabajo en equipo a todos los niveles – habilitando a los individuos para ser miembros o líderes de los equipos – y desarrollar modos de trabajo basados en la cooperación y compartición de la información y el conocimiento.

En el capítulo 5 el tema principal es la gestión en un entorno de conocimiento. El desarrollo de una economía basada en el conocimiento está proporcionando a los trabajadores del conocimiento el poder que surge de la habilidad para resolver contingencias críticas para la organización. Este aspecto desafía las relaciones de poder existentes dentro de las organizaciones. Y ello implica que los trabajadores del conocimiento serán cada vez más capaces de determinar que son gestionados en formas aceptables para ellos.

Para los directivos esto supone un cambio de paradigma que los considera más que controladores, impulsores. El papel de RR. HH. será el de ayudarles a efectuar esta transición. El cambio en las relaciones de poder impactará también en el papel de RR. HH. y sus actuaciones. Los moverá cada vez más hacia una visión flexible centrada en los empleados y basada en modelos de gestión negociados. El directivo eficaz en un entorno de conocimiento deberá apoyar la adquisición y compartición de conocimientos:

a) fomentando en los individuos el uso de sus conocimientos y experiencias;

b) estimulando la innovación y la creatividad y fomentando las nuevas ideas;

c) representando los intereses de los equipos y los individuos ante la organización;

d) apoyando el trabajo de los equipos físicos o virtuales.

Ello supondrá la comprensión hacia los individuos y los equipos y la voluntad de apertura a nuevas ideas y desarrollo personal. La necesidad de compartir ampliamente la información, tanto internamente como externamente, por la proliferación de redes sociales, convierte la comunicación eficaz en una prioridad estratégica para la dirección y para RR. HH.

La gestión en un entorno de conocimiento, corporativamente a través de normas y procedimientos de RR. HH. y a nivel de individuos y equipos será evaluada por su capacidad para estimular y habilitar a los individuos para que 'apliquen sus conocimientos en beneficio de la organización'.

En el capítulo 6 se proporcionan dos casos de estudio detallados, seguidos por la bibliografía.

"La llegada de la economía basada en el conocimiento requiere una comprensión más amplia de la gestión del conocimiento ..".

Capítulo Uno

Gestión del conocimiento y cultura organizativa

'Esto es el conocimiento. Es encontrar algo por uno mismo con dolor, con alegría, con júbilo, con esfuerzo y con todos los breves momentos de nuestras vidas hasta hacerlo nuestro enraizado en la estructura de nuestras vidas'

Thomas Wolfe (1900-1938)

Sinopsis

En este capítulo:

a) *consideraremos la idea de economía basada en el conocimiento y sus implicaciones en la gestión del conocimiento;*

b) *resumiremos los diversos enfoques de la gestión del conocimiento y proporcionaremos una definición práctica – identificando las implicaciones clave para el papel de RR. HH.;*

c) *resumiremos los conceptos clave asociados con la gestión del conocimiento;*

d) *proporcionaremos consejos prácticos para elaborar una cultura organizativa que sustente la gestión del conocimiento.*

Introducción

Un documento del Gobierno del Reino Unido (*'Our competitive Future - Building the Knowledge Driven Economy'* – Nuestro futuro competitivo – cómo construir una economía orientada al conocimiento) describía una economía orientada al conocimiento como una economía en la cual la generación y explotación del conocimiento jugaría un papel predominante en la creación de riqueza. Hablaba de la necesidad de usar y explotar todo tipo de conocimientos en todas las áreas de la actividad económica, y describía el conocimiento, las habilidades y la creatividad como los recursos específicos para lograr ventaja competitiva en un entorno de mercado global. El documento vislumbraba dos tareas distintas de las organizaciones en una economía orientada al conocimiento. Estas eran estimular y apoyar a los empleados en el desarrollo de sus habilidades y cualificaciones de un modo continuo y 'identificar, capturar y comercializar' la base de conocimientos que 'mueve' todos los productos y servicios.

Contra este fondo de una 'economía del conocimiento', la cuestión de la gestión del conocimiento adquiere cada vez más, importancia crítica para las organizaciones que quieran mantener una ventaja competitiva y lograr la excelencia en los servicios que proporcionan.

A pesar de ello, continúa habiendo un debate considerable sobre qué significa de hecho la gestión del conocimiento. Para algunos es sólo jerga de los directivos. Para otros es un indicador del dominio de la tecnología y los sistemas de proceso de datos sobre otros aspectos de la vida de las organizaciones.

En este capítulo, veremos qué significa la gestión del conocimiento. Presentaremos una definición práctica. También describiremos algunos de los conceptos clave asociados con la gestión del conocimiento. Basándonos en la definición práctica, ilustraremos el papel clave que RR. HH. debe jugar en una gestión del conocimiento eficaz. Este papel será examinado con más profundidad en capítulos posteriores.

Consideraremos también el papel que la cultura organizativa debe jugar en facilitar la gestión del conocimiento, y cómo elaborar una cultura que conduzca a una gestión eficaz del conocimiento.

Gestión del conocimiento

Conocimiento es, en sí, un concepto difícil. Una cuestión filosófica común, planteada a través de los tiempos ha sido "qué es el conocimiento", con respuestas variadas. Sin embargo, la mayoría de nosotros sentimos intuitivamente que sabemos qué es conocimiento. Creemos en que podemos 'adquirir conocimientos', 'compartir conocimientos' y 'usar conocimientos'. De esta comprensión intuitiva, podemos derivar una definición práctica de gestión del conocimiento. No será una definición filosóficamente rigurosa, ni tampoco una definición libre de controversia, pero nos permitirá abordar la cuestión de la gestión del conocimiento desde una perspectiva de Recursos Humanos.

Tratando sobre la gestión del conocimiento, pronto resulta evidente que pueden ofrecerse numerosas definiciones. Estas definiciones incluyen referencias a:

a) procesos y sistemas (en particular, sistemas de Proceso de Datos);

b) gestión de la información y el enlace entre individuos e información;

c) la base de conocimientos de las organizaciones y sus activos intelectuales;

d) organizar, diseminar y utilizar el conocimiento y la información.

De entre las diferentes acepciones de gestión del conocimiento, hay dos puntos de vista subyacentes que llaman la atención inmediatamente. El primero identifica conocimiento e información. Desde este punto de vista, gestión del conocimiento sería gestionar la información. Este punto de vista se asocial frecuentemente a aquellos que están involucrados en la construcción de sistemas de información, redes de proceso de datos, gestión de almacenamiento de datos, inteligencia artificial y similares. Con este enfoque, los sistemas de información y el software 'inteligente' se convierten en los medios con los que las organizaciones gestionan el conocimiento. El segundo punto de vista consiste en ver el conocimiento como la asimilación de la información, su evaluación y su aplicación por los individuos. Este punto de vista se asocia más bien con consultoría de gestión, cambio organizativo y desarrollo de las personas. Cambiar y mejorar la capacidad de los individuos para gestionar la información, directamente o por medio de 'cambios culturales' más amplios, son los medios por los cuales las organizaciones gestionan el conocimiento.

Ambos puntos de vista tienen utilidad práctica y pueden considerarse los extremos de un continuo. Este continuo va desde una visión de las organizaciones centrada en los sistemas, hasta una visión centrada en las personas (ilustrado en la Fig. 1.1).

Ambos puntos de vista son importantes a la hora de implementar gestión del conocimiento en una organización. La definición práctica de gestión del conocimiento que adoptaremos en este libro incorpora aspectos de ambos extremos de este continuo.

El punto de partida para nuestra definición práctica será la suposición de que el conocimiento reside en la mente de los individuos. Según esta suposición, si una persona escribe algo que sabe, está compartiendo su conocimiento.

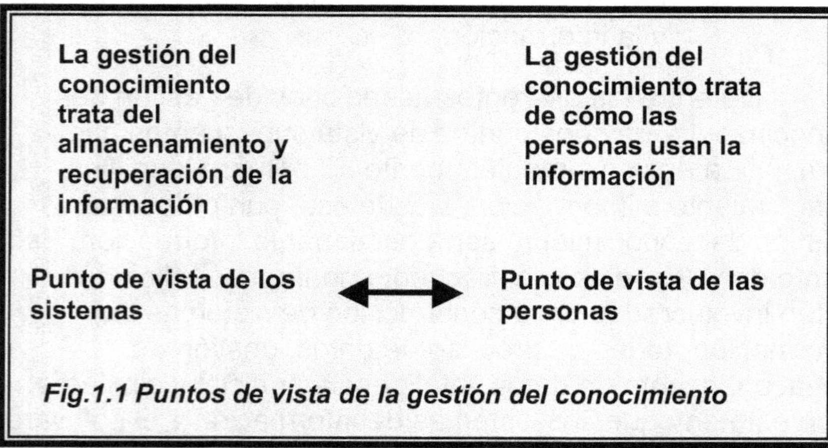

Fig.1.1 Puntos de vista de la gestión del conocimiento

Si alguna otra persona lo lee, no adquiere ese conocimiento, lo que adquiere es información. Si utiliza esa información con éxito, lo que ha hecho es convertir esa información en conocimiento para sí mismo, y puede decirse que ha 'adquirido conocimiento'. Si aplica ese conocimiento para resolver un problema entonces ha 'usado' su conocimiento.

En la suposición anterior, se implica que el conocimiento es propiedad de un individuo, no de una organización, y que la información (que puede ser propiedad de la organización) existe por sí misma, y sólo se convierte en conocimiento en nosotros por su uso y aplicación.

En dicha suposición, gestión del conocimiento no es gestión de la información, ni tampoco se relaciona estrictamente con gestión de las personas. Nuestra definición práctica es que:

Según esta definición, la adquisición y uso de recursos incluye tanto recursos físicos como sistemas de tecnologías de la información, recursos financieros, recursos 'intelectuales' tales como procesos y recursos humanos.

Gestión del conocimiento es la adquisición y uso de recursos para crear un entorno en el que la información es accesible a los individuos y en el que los individuos adquieren, comparten y usan dicha información para desarrollar su propio conocimiento y son alentados y habilitados para aplicar su conocimiento en beneficio de la organización.

Fig. 1.2 Nuestra Definición práctica de gestión del conocimiento

Tomando los elementos de esta definición práctica, su enlace con el papel de RR. HH. puede verse como:

la adquisición y uso de recursos ... para la función de RR. HH. ello supone asegurar que los recursos estén disponibles para las personas, por ejemplo planificando la contratación, retención y sucesión (Capítulo 2) o cómo se gestionan esos recursos de las personas (Capítulo 5);

para crear un entorno ... para la función de RR. HH. este aspecto tendrá implicaciones en el área de la cultura organizativa tratada en este capítulo;

en el que la información es accesible a los individuos ... aunque este aspecto se basa principalmente en los sistemas, tiene implicaciones para la función de RR. HH. en el área de las comunicaciones (tratado en el capítulo 5) y en la interfaz entre personas y tecnologías de la información;

[un entorno] ... en el que los individuos adquieren, comparten y usan dicha información para desarrollar su propio conocimiento ... para la función de RR. HH. este punto tiene implicaciones sobre el tipo de cultura orientado a la gestión del conocimiento y sobre el modo de plantear la formación y desarrollo (Capítulo 4) y el trabajo en equipo (tratado en el Capítulo 5);

y son alentados y habilitados para aplicar su conocimiento en beneficio de la organización ... para la función de RR. HH. alentar y habilitar a los individuos para que actúen de modo específico tiene implicaciones en el sistema de reconocimientos (Capítulo 3) así como en el modo de plantear en general la gestión de personas en la organización.

Aunque hemos centrado este libro en el papel de RR. HH. en la gestión del conocimiento, se deduce, de la definición práctica que hemos expuesto, que vemos esta gestión como fundamentalmente multidisciplinar. De todos modos debemos subrayar que la definición propuesta es una definición práctica y funcional. Ayuda a mostrar el papel de RR. HH. En la gestión del conocimiento. Hay muchas otras definiciones, como puede verse en los casos de estudio del Capítulo 6 así como en las lecturas relacionadas listadas en la bibliografía.

Conceptos asociados

Al igual que en otras 'disciplinas' de gestión, se ha desarrollado un 'lenguaje' específico relativo a la gestión del conocimiento. El 'lenguaje del conocimiento' incluye conceptos y frases que se pueden explicar con diferentes grados de precisión Los conceptos principales asociados con gestión del conocimiento incluyen:

> ***requerimientos del conocimiento*** – el 'saber hacer' junto con la infraestructura de información y sistemas que una organización precisa para alcanzar sus objetivos;

> ***inventario de conocimientos*** – en esencia, un inventario de los activos intelectuales de la organización, incluyendo derechos de propiedad intelectual, (ej. patentes, derechos de autor) sistemas y procesos documentados, habilidades de los empleados, etc.;

> ***análisis del conocimiento*** – el análisis del conocimiento se usa habitualmente para referirse al análisis de la fuente de conocimiento – por ejemplo, valorar las ventajas, inconvenientes y uso de Internet como fuente de conocimiento en una organización;

> ***análisis de las necesidades del conocimiento*** – usado generalmente para referirse al proceso por el cual se identifican los requerimientos del conocimiento para el logro de objetivos concretos o la realización de determinadas tareas;

tecnología del conocimiento – frecuentemente usado para referirse a los sistemas informáticos basados en el conocimiento, tales como sistemas 'expertos' que soportan la toma de decisiones aunque también podría referirse a una imprenta o a una pluma;

planificación del conocimiento – usado con frecuencia para referirse al desarrollo planificado de personas, sistemas y procesos para alcanzar necesidades de conocimiento futuras y para mantener una posición de competencia o, en organizaciones no basadas en beneficios, para mantener la calidad del servicio;

trabajador del conocimiento – usado generalmente para referirse a una persona cuyo trabajo se basa en conocimiento e información y que posee habilidades y conocimientos especializados. En el pasado se relacionaba con altos salarios y valor en el mercado, aunque el creciente número de empleos basados en conocimiento e información ha debilitado dicha asociación;

conocimiento tácito – usado para referirse a cosas que podemos saber sin ser necesariamente conscientes de que las sabemos. Se aplica por igual a individuos y a organizaciones;

conocimiento explícito – usado para referirse a cosas que somos conscientes de saber, tanto individuos como organizaciones. En la práctica, el conocimiento tácito, por ejemplo, se convierte en conocimiento explícito cuando se registra y se documenta.

Cultura organizativa

En la definición práctica que hemos proporcionado de gestión del conocimiento, juega un importante papel la creación de un entorno adecuado. Este entorno es no sólo un entorno físico de puestos de trabajo y computadoras, o el entorno virtual de la 'nube'. Es el 'entorno cultural' de la organización. Es esta 'cultura' la que permite crear el puente entre proporcionar tecnología e información y su uso eficaz por los trabajadores del conocimiento, en beneficio de la organización. Una gestión del conocimiento eficaz se relaciona tanto con la cultura como el comportamiento y los sistemas de información. Parte del papel de RR. HH. en la gestión del conocimiento se basa en administrar y asesorar sobre la gestión de la cultura organizativa.

Sin embargo la idea misma de la gestión de una cultura organizativa está plagada de dificultades. Ello se debe en parte a la dificultad de definir y medir la cultura. Algunos argumentarán que si la cultura organizativa no es capaz de ser medida, no puede ser gestionada. Ciertamente, varias de las 'medidas' de cultura son indirectas y las investigaciones sobre cultura corporativa la definen en general de modo indirecto, por medio de ejemplos anecdóticos ('narración de historias') y exposiciones descriptivas.

Si se preguntase a diez personas distintas qué creen que significa cultura en el contexto de una organización, seguramente se obtendrían diez respuestas distintas que irían desde 'bueno, es la sensación del sitio', 'es la personalidad de la organización' hasta 'es la manera de hacer las cosas' y 'es algo que la dirección quiere cambiar'. Parecería que la cultura de una organización se hace más patente en sus efectos que en su esencia, y más como explicación de por qué las cosas suceden como lo hacen que como una herramienta para predecir lo que sucederá.

Se ha generado bastante literatura sobre la cultura organizativa y no podemos hacer aquí un análisis en profundidad. Aquellos que deseen investigar sobre la materia encontrarán lecturas útiles listadas en la bibliografía. En este capítulo ponemos el énfasis en la relación entre cultura y gestión del conocimiento y en los pasos para crear una cultura que soporte una gestión eficaz del conocimiento. El primer paso en este proceso es entender la cultura actual de la organización.

Entender la cultura

La cultura de una organización se puede ver reflejada con mayor claridad en los valores y creencias que influyen, de modo consciente o inconsciente, en los comportamientos. Se refleja en la idea de 'cómo hacemos las cosas por aquí'. Esos valores y creencias son una combinación de los valores y creencias de la cultura exterior en la que la organización opera – los valores y creencias que los empleados traen con ellos al trabajo cada día – así como los valores y creencias dominantes en las unidades operativas de la organización y en el 'núcleo' corporativo.

En una organización con sub-unidades operativas (por ejemplo, departamentos) es probable que haya varias subculturas diferentes. Por ejemplo, la cultura de un departamento de producción seguramente reforzará valores diferentes que la cultura de un departamento de ventas o un departamento de asesoría legal. Las subculturas tiene sus propias identidades y están interconectadas. Una subcultura puede incluir individuos pertenecientes a la misma profesión, aunque pertenezcan a departamentos distintos. Una subcultura en particular que impacta en todos los demás grupos es la de los especialistas de Proceso de Datos. Ello es debido a su interacción con todas las partes del negocio.

Estas subculturas son importantes para entender la organización y para alinear la cultura de la organización con una cultura que lleve a una eficaz gestión del conocimiento. Sin embargo, la cultura dominante, aunque contemple elementos de la cultura de las sub-unidades, es más probable que sea el reflejo de los valores y creencias de los miembros dominantes de la organización, más que simplemente la suma de las subculturas existentes. Esto se reconoce más claramente en pequeñas organizaciones, donde los valores y creencias del propietario-director serán dominantes.

Investigar valores y creencias

Dado que la cultura está íntimamente ligada a valores y creencias, un enfoque eficaz para entender y trabajar con la cultura organizativa es centrar la atención en esos valores y creencias. Un modo efectivo de identificar los valores y creencias sostenidos dentro de las organizaciones es investigar las reglas, escritas o no, que gobiernan los comportamientos. Las reglas escritas se encontrarán normalmente en la documentación formal, tal como códigos de conducta, procedimientos disciplinarios y de quejas y el manual de dirección. Las reglas no escritas se identifican mejor trabajando con grupos de administración para identificar las que, en opinión de aquellos, están actuando en la práctica. Esto puede hacerse centrándose en los comportamientos que ellos crean que son considerados inaceptables o perjudiciales para progresar (aunque no estén expresamente prohibidos), y comportamientos que crean serán recompensados o les proporcionarán reconocimiento (Fig. 1.3).A medida que las reglas escritas y no escritas se comprenden mejor, es posible extrapolar los valores que reflejan. Las diferencias entre reglas no escritas de diferentes subculturas serán de utilidad para identificar diferencias en valores y creencias. La presencia de reglas no escritas similares entre subculturas diferentes ayudará a identificar los valores y creencias implícitos que forman parte de la más amplia cultura organizativa.

Reglas no escritas típicas que existen en las organizaciones incluyen:

a) *las promociones se basan más en el rendimiento percibido que en el rendimiento real*

b) *dar órdenes directas no se considera apropiado; las órdenes se expresan como peticiones, c)* *no se debe contactar con el personal en sus casas cuando están ausentes por enfermedad,*

Investigar las reglas no escritas

- **Qué comportamiento es permitido / no permitido**

- **Qué es recompensado / castigado**

- **Qué es sancionado / no sancionado**

- **Qué es elogiado / no elogiado**

Fig. 1.3 Investigar las reglas no escritas

---

d) *los empleados recientes deben ceder en sus opiniones ante el personal senior,*

e) *una idea nueva u original será rechazada a no ser que provenga de 'arriba',*

f) *compartir información e ideas conduce a pérdida de control,*

g) *si hay un problema externo, se olvidan las diferencias y se trabaja juntos – hasta que se resuelva,*

h) *los directivos se valoran por sus habilidades en gestión financiera, no por sus habilidades en gestión de personas,*

i) *en las máquinas de café nadie habla bien de la empresa,*

j) *se debe sacrificar la calidad para cumplir los plazos, no se permiten aplazamientos,*

k) *los errores se tratan como fracasos y actúan contra los individuos,*

l) *el mejor modo de sobrevivir a los cambios es mantener un comportamiento discreto,*

m) *es peligroso confiar en los demás,*

n) *sólo se proporciona información si es preciso,*

o) *se recompensa el esfuerzo, incluso si no se obtienen resultados,*

p) *si se puede consultar con otros en relación a un proyecto, entonces se debe consultar con ellos, tanto si es necesario como si no,*

q) *la comunicación escrita se usa para 'cubrirse las espaldas'.*

Algunas de las reglas no escritas identificadas pueden parecer contradictorias. Algunas son triviales, otras más serias. En un primer intento con este ejercicio, la mayoría de las reglas no escritas serán posiblemente negativas o abiertamente cínicas. Trabajando con grupos e individuos, usualmente se tarda bastante en identificar los aspectos positivos de la cultura.

Las reglas escritas y no escritas proporcionan la comprensión de los valores y creencias implícitos que operan en la organización. Esta es una de las técnicas que ha sido ensayada y probada en diversas organizaciones. Otras técnicas incluyen:

a) *uso de paquetes disponibles comercialmente – con frecuencia diseñados en forma de juegos para ser utilizados en grupos;*

b) *llevar a cabo entrevistas más o menos estructuradas con individuos de la organización;*

c) análisis de incidentes críticos – observar eventos concretos con los participantes y explorar por qué las cosas ocurrieron de la forma en que lo hicieron;

d) grupos concretos – conversaciones más o menos estructuradas con grupos de empleados;

e) encuestas y cuestionarios.

El tema común de estos planteamientos es observar detrás de lo que sucede o no sucede en una organización y tratar de entender las creencias y valores subyacentes, para identificar los factores que los individuos tienen en cuenta al tomar decisiones, de lo cual pueden no ser conscientes. Estas técnicas pueden revelar también la presencia de 'alertas organizativas' que pueden hacer que algunas soluciones ni siquiera sean consideradas. Esta forma de auto-censura organizativa impide que sean siquiera sugeridas las soluciones que entren en conflicto con las creencias y valores subyacentes. Se puede elaborar un 'mapa cultural de la organización, a partir del análisis de las creencias y valores subyacentes (Fig. 1.4).

Un mapa cultural completo de la organización mostrará los valores y creencias tomados del entorno exterior y de las varias subculturas, así como las áreas de superposición entre ellas.

Alinear cultura y gestión del conocimiento

Alinear la cultura de una organización con una cultura que conduzca a una gestión del conocimiento eficaz requerirá comprender el tipo de cultura requerido y comprender cómo se puede cambiar la cultura actual.

Cambiar la cultura

Las numerosas iniciativas de 'cambios culturales' por las que han pasado las organizaciones a lo largo de los años, testifican las dificultades de cambiar de cultura. No es sorprendente, dado que los valores y creencias dominantes son seguramente los valores y creencias de los miembros con más poder en la organización (y por lo tanto difíciles de cambiar).

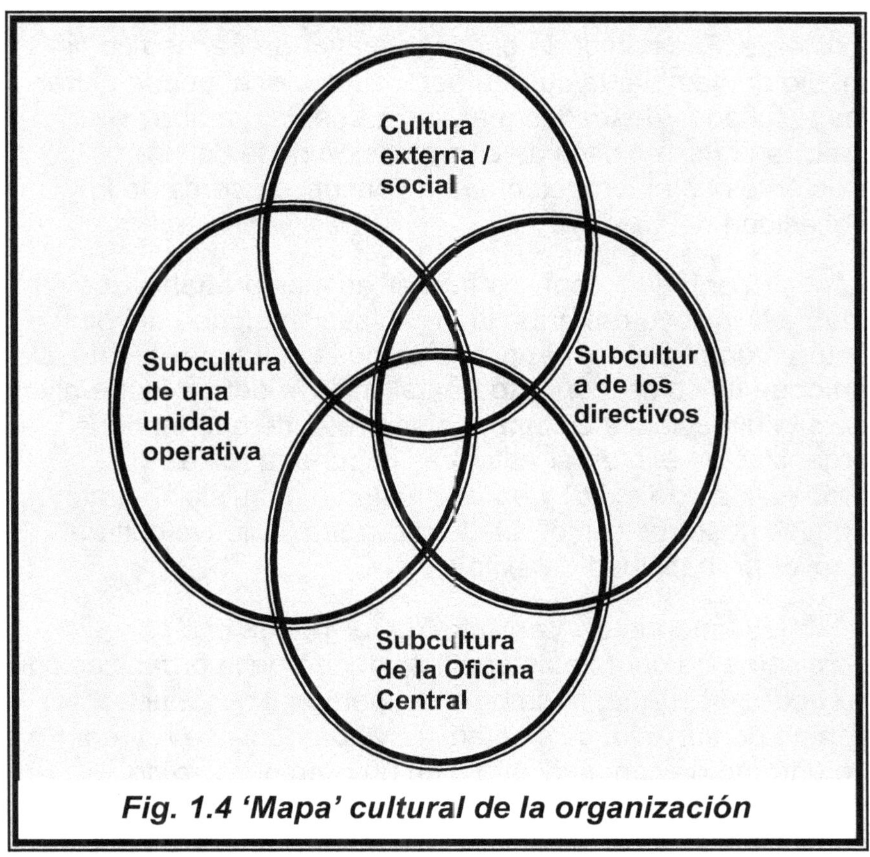

Fig. 1.4 'Mapa' cultural de la organización

Partiendo de la comprensión de los valores y creencias que sostienen la cultura actual, identificada con alguno de los ejercicios mencionados más arriba, se podrán ampliar las posibilidades de éxito. Sin dicha comprensión, cualquier intento de cambiar la cultura es no sólo dificultoso, sino que posiblemente será impedido o asimilado en la cultura actual. Las culturas organizativas, como las culturas nacionales, son notablemente resistentes a los cambios y tienden a neutralizar los intentos de generar cambios. Los intentos de cambiar una cultura suelen entrar en alguna de las siguientes categorías (Fig. 1.5).

En el enfoque **'conflicto frontal'** (diagrama (a) en la Fig. 1.5) los cambios deseados se imponen o se fuerzan en la organización en forma de desafío directo a la cultura existente. Ello comporta el riesgo mayor de fracaso como medio de cambiar la cultura pero, si funciona, puede lograr los resultados deseados más rápidamente, ya que no precisa el mismo nivel de comprensión de la cultura existente o la elaboración de un consenso acerca de la necesidad del cambio.

El enfoque 'conflicto frontal' es más probable que triunfe si incluye retirar de la organización alguno de los actores dominantes responsables de la cultura existente. Un enfoque típico de 'conflicto frontal' incluye determinar a nivel de alta dirección la cultura que se pretende que tenga la organización e intentar entonces imponerla (baja probabilidad de éxito) y en una fusión o adquisición, traer nuevos gestores senior que introduzcan la nueva cultura (mayor probabilidad de éxito).

El enfoque de 'conflicto frontal' puede originar precisamente un notable conflicto dentro de la organización y puede hacer que, miembros del personal con mucho tiempo de servicio, se sientan subvalorados y se retiren. En un entorno de conocimiento, con un gran número de trabajadores del conocimiento, esto puede ser particularmente perjudicial para la viabilidad a largo plazo de la organización.

Con el enfoque **'trabajar con elementos'** (diagrama (b) en la Fig. 1.5) los cambios deseados se introducen trabajando con aquellos elementos de la cultura existente que puedan conducir a los cambios. Simultáneamente, otros elementos de la cultura existente que no vayan en la dirección de los cambios deseados pueden ser disuadidos. Este enfoque requiere conocimiento de la cultura existente usando alguna de las técnicas apuntadas antes. Puesto que este enfoque utiliza algunos de los puntos fuertes de la cultura existente, es probable que genere menos resistencia y tiene mayores probabilidades de éxito. Sin embargo, no se trata de un proceso rápido, y requiere bastante preparación y comprensión.

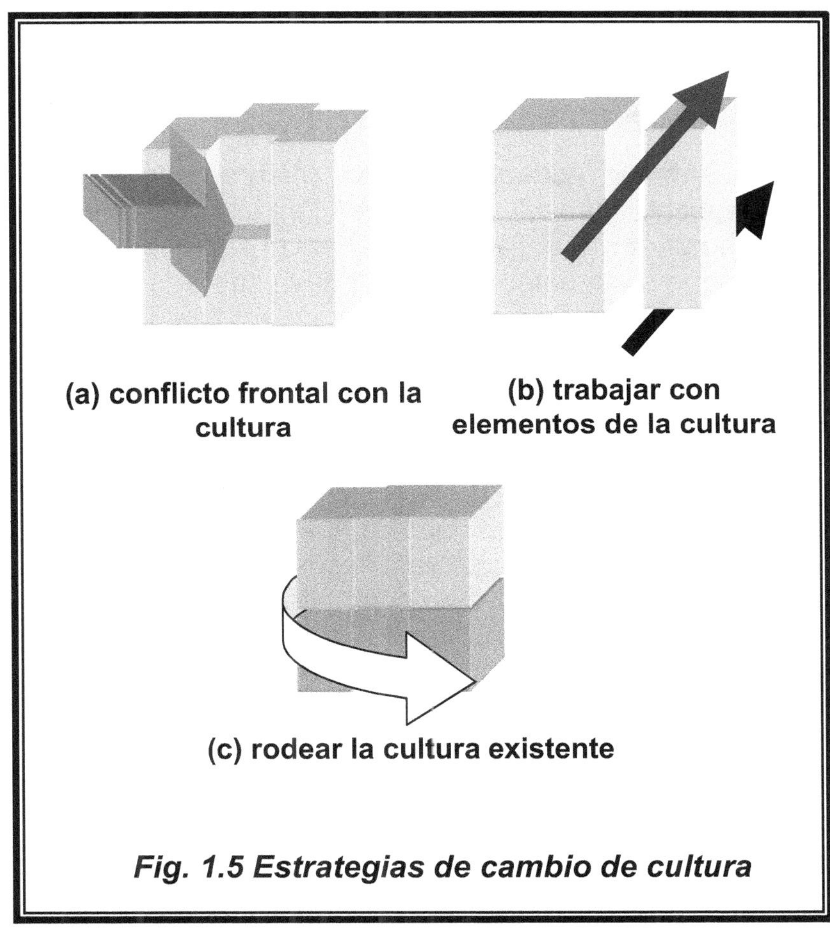

Fig. 1.5 Estrategias de cambio de cultura

Ejemplos típicos de este enfoque serían aquellos en los que el cambio es pilotado por la actual dirección en un entorno donde los retos no son inmediatos y donde se valora la continuidad.

Este enfoque, debido a que es menos agresivo que el 'conflicto frontal', puede funcionar bien en un entorno de conocimiento y con trabajadores del conocimiento ya que generalmente implica a un rango más amplio de participantes tanto en determinar la necesidad del cambio como en hacer que el cambio se produzca. Aun así, con este enfoque existe la posibilidad de que se pierda el impulso de cambio y que la vieja cultura permanezca intacta en su mayor parte y se reafirme a lo largo del tiempo.

El enfoque **'rodear la cultura'** (diagrama (c) in Fig.1.5) es en esencia, evitar la cuestión aunque a veces con un modo muy creativo de evitarla. Un ejemplo típico de este enfoque sería establecer una nueva subdivisión de la organización o una nueva compañía subsidiaria diseñada para tener una cultura diferente. Por ejemplo, una organización que quiera desarrollar una cultura de la innovación podría, más bien que cambiar la cultura existente, crear una división de 'nuevos productos' operando con reglas menos restrictivas y requerimientos operativos que el resto de la organización. En el sector público, la creación de 'agencias ejecutivas' desde departamentos gubernamentales puede verse como ejemplo de intentar crear una cultura nueva 'rodeando' la cultura existente. En una organización más pequeña, un ejemplo del enfoque de 'rodear' la cultura existente podría ser contratar todo el personal nuevo en un área específica con el propósito de introducir nuevas ideas y enfoques. En esta situación, para evitar que los nuevos empleados adopten gradualmente los valores y creencias de la cultura existente, deben darse pasos para alentarlos a pensar en ellos mismos como un grupo separado y diferente del resto de la organización (por ejemplo, etiquetándolos como la 'corriente rápida').

Pueden surgir problemas con el enfoque de 'rodear la cultura' en la interfaz entre la nueva organización y la organización 'padre' (en particular si se ha logrado una cultura diferente en la nueva organización) o entre los nuevos directivos y los existentes (en particular si éstos se constituyen como un subgrupo distinto con su propia cultura). Al crear una nueva organización a partir de subdivisiones operativas, existe también el riesgo de exportar la cultura existente con la transferencia de personal y directivos. Al establecer un grupo diferenciado de empleados existe el riesgo de que sean absorbidos por la cultura existente. A pesar de estas dificultades potenciales, este enfoque puede lograr el éxito y crear un 'bucle retroalimentado' que genere también cambio en la organización 'padre' – en especial si ésta se ha reducido de modo significativo a consecuencia de haber sustituido partes importantes por compañías o unidades separadas.

Crear una cultura de gestión del conocimiento

Además de comprender los distintos enfoques para cambiar la cultura, alinear la cultura con la gestión del conocimiento requiere comprender la naturaleza de los cambios requeridos. Hay un cambio de paradigma que subyace a estos cambios. De ello se habla en el Capítulo 5. El cambio de paradigma que hay bajo la gestión del conocimiento es la transición del 'modelo de economía industrial' con su énfasis en la inversión de capital en plantas y procesos de producción, pasando por un 'modelo de economía de la información' con su énfasis en sistemas y datos, hasta un 'modelo de economía del conocimiento' con su énfasis en la interacción humana con la información. Este cambio de paradigma se refleja en el lenguaje, que habla de 'capital intelectual' más que de 'capital financiero' y de la 'era del conocimiento' más que de la 'era de la información'.

Podemos hacernos una idea de los cambios culturales necesarios para reflejar este cambio de paradigma considerando la pregunta, "¿que hace a un individuo bueno en gestión del conocimiento?" Respuestas típicas a esta pregunta serían la habilidad para:

> a) *identificar y explotar fuentes de información y conocimiento*

> b) *generar ideas nuevas y creativas a partir de la información*

c) *crear relaciones de confianza con sus colegas*

d) *compartir ideas e información con otros*

e) *separar lo relevante de lo irrelevante*

f) *percibir conexiones entre fragmentos separados de información*

b) *organizar información e ideas*

h) *aprender y desarrollarse de forma continuada.*

Si entonces planteamos entonces la pregunta '¿en qué clase de cultura es más probable que los individuos puedan desarrollar y usar estas habilidades?' la respuesta será seguramente, en una cultura que estimula y valora:

a) *el establecimiento de redes y contactos amplios externos e internos*

b) *respeto por los individuos*

c) *creatividad e innovación*

d) *confianza*

e) *compartición de ideas e información*

f) *sólidos sistemas y procedimientos de base*

g) *aprendizaje y desarrollo continuos.*

Una organización con tal cultura se caracterizará sin duda por:

a) *altos niveles de autonomía de los individuos*

b) *respeto por las habilidades, el conocimiento y el talento*

c) *bajo nivel de políticas de oficina y ausencia de agenda oculta*

d) fomentar la compartición de contribuciones y propiedad de los resultados

e) énfasis en compartir ideas

f) dar reconocimiento y hacer que los empleados se sientan valorados

g) proporcionar altos niveles de implicación en las decisiones

h) incorporar variedad en las tareas

i) esfuerzos por hacer el trabajo estimulante y significativo

j) burocracia mínima pero eficaz

k) cooperación más bien que competición.

La presencia o ausencia de estas características puede medirse con el uso de encuestas sobre la actitud de los empleados. Una encuesta que mida la presencia de tales características puede también servir para comprobar el progreso de cambio cultural a lo largo del tiempo, comparando, de un año a otro, el número de empleados que consideran que dichas características se encuentran presentes en la organización.

Aunque el uso de encuestas sobre la actitud de los empleados puede proporcionar una indicación razonable del progreso interno en cualquier programa de cambio cultural, es también importante obtener datos externos con fines comparativos. Por ejemplo, podría pensarse que es un signo positivo el que más de un 60% del personal informe de que nota un nivel de autonomía elevado en su trabajo. Sin embargo, en una encuesta organizada por uno de los autores en una organización de 700 personas con un marcado énfasis en gestión del conocimiento, cerca del 95% de los empleados indicaron notar un alto grado de autonomía en su trabajo.

Habiendo identificado el tipo de cultura precisa para la gestión del conocimiento, y la estrategia que se va a adoptar para el cambio cultural, es necesario decidir los cambios que hay que llevar a cabo en la práctica.

La realización de cambios prácticos se centrará en los sistemas y procesos de la organización, el modo de hacer las cosas, lo cual transmitirá la cultura organizativa a los nuevos empleados y reforzará la cultura organizativa en los empleados existentes. Algunos de los sistemas mencionados son formales, tales como el sistema salarial, que contiene mensajes claros sobre lo que la organización valora. Otros son informales, por ejemplo elogiar una actividad, lo que enviará mensajes claros sobre el comportamiento esperado.

En los restantes capítulos del libro, estudiaremos cambios prácticos en diferentes áreas que impactan en la gestión del conocimiento, y la creación de una cultura orientada a la gestión del conocimiento. Noes posible, dado el tamaño de este libro, contemplar cada área; por ello hemos escogido aquellas que vemos como áreas clave en las que RR. HH. tiene un papel significativo. Y hemos incorporado la bibliografía para aquellos que deseen estudiar la cuestión con mayor detalle.

Resumen

Se ha considerado tradicionalmente que la gestión del conocimiento involucra procesos y sistemas (en particular, sistemas de Proceso de Datos), y que trata sobre la gestión de la información y la interfaz entre individuos y dicha información. Tradicionalmente se ha identificado a un trabajador del conocimiento como especialista altamente cualificado y bien pagado.

La llegada de la economía basada en el conocimiento require una comprensión más amplia de la gestión del conocimiento y del concepto de trabajador del conocimiento.

Un número creciente de individuos realizan trabajos basados en conocimiento e información. Interaccionan a

diario con tecnología sofisticada y sistemas de información.
El concepto de 'trabajador del conocimiento' precisa abarcar
a estos individuos que se encuentran en todos los niveles de
las organizaciones.

Una definición práctica de gestión del conocimiento
debe incorporar la idea de que se trata de algo más que
gestionar sistemas de información. La gestión del
conocimiento, para ser efectiva, debe incluir la idea de que
lograr ventaja competitiva y excelencia en el servicio se
logran mediante la adquisición de conocimiento por parte de
los individuos, y su disposición para aplicar su conocimiento
en beneficio de la organización.

La definición práctica de gestión del conocimiento
presentada en este capítulo es esta:

> ***Gestión del conocimiento es la adquisición y
> uso de recursos para crear un entorno en el
> que la información es accesible a los
> individuos y en el que los individuos
> adquieren, comparten y usan dicha
> información para desarrollar su propio
> conocimiento y son alentados y habilitados
> para aplicar su conocimiento en beneficio
> de la organización.***

Esta definición indica el enfoque multidisciplinar
necesario en las organizaciones comprometidas con la
gestión del conocimiento. También resulta obvio en esta
definición que RR. HH. debe jugar un papel central y no
puede ignorar la cuestión.

La gestión del conocimiento tiene profundas
implicaciones en la cultura organizativa, ya que es la cultura
la que permite dar el salto entre provisión de tecnología e
información y su uso efectivo por parte de los trabajadores
del conocimiento en beneficio de la organización. Una
cultura orientada a la gestión del conocimiento es aquella
que valora:

a) el establecimiento de redes y contactos amplios externos e internos

b) respeto por los individuos

c) creatividad e innovación

d) confianza

e) compartición de ideas e información

f) sólidos sistemas y procedimientos de base

g) aprendizaje y desarrollo continuos.

Trabajar con la cultura existente, comprender y basarse en aquellos valores que puedan conducir a una gestión del conocimiento eficaz, es la forma de cambio que con mayor probabilidad será aceptable por los trabajadores del conocimiento. Elaborar una cultura para la gestión del conocimiento por medio de este enfoque requerirá cambios en los sistemas y los procesos, en el modo de hacer las cosas que transmita la cultura organizativa a los nuevos empleados, y que refuerce la cultura organizativa en los actuales empleados.

Lista de verificación 1

1. Su organización ¿ha generado su propia definición práctica de gestión del conocimiento?

2. Los directivos y personal de su organización ¿usan un lenguaje común para hablar sobre gestión del conocimiento?

3. La gestión del conocimiento dentro de su organización ¿es una actividad integrada y multidisciplinar?

4. Es la gestión del conocimiento parte integral de su estrategia de RR. HH.?

5. ¿Se ha llevado a cabo una investigación de la cultura de su organización y se han identificado las creencias y valores subyacentes?

6. ¿Se han identificado las creencias y valores dentro de su organización que soporten una eficaz gestión del conocimiento?

7. ¿Se han identificado las creencias y valores dentro de su organización que puedan interferir o limitar una eficaz gestión del conocimiento?

8. La cultura de su organización ¿genera confianza?

9. ¿Hay una estrategia para cambiar o gestionar la cultura organizativa?

10. ¿Se analizan con regularidad las actitudes de los directivos para determinar su movimiento hacia una cultura de gestión del conocimiento?

"Una definición práctica de gestión del conocimiento debe incorporar la idea de que se trata de algo más que gestionar sistemas de información."

Capítulo Dos

Adquirir y retener el conocimiento

Sinopsis

Este capítulo estudia cómo cubrir las necesidades de conocimientos y habilidades presentes y futuras mediante contratación de Nuevo personal, retención del existente y planificación de su sucesión. Incluye secciones que tratan sobre:

a) contratación en un entorno de conocimiento incluyendo un Nuevo modelo que rechace la idea de contratar para cubrir plazas vacantes y la sustituye por la idea de contratar para cubrir carencias en conocimientos y habilidades;

b) atraer a trabajadores del conocimiento y la necesidad de alinear los valores organizativos e individuales;

c) procesos de selección incluyendo los pros y contras de los distintos enfoques y guías para gestionar centros de evaluación;

d) habilidades y cualidades en los perfiles de trabajadores del conocimiento eficaces;

e) planificación de la sucesión en una economía basada en el conocimiento;

f) retención de los trabajadores del conocimiento por medio del reconocimiento, la gestión del contrato psicológico y la aceptación de necesidades individuales por medio de prácticas adaptables a diferentes 'estilos de vida'.

Introducción

Cubrir requerimientos presentes y futuros de conocimientos significa para muchas organizaciones, contratar personal para suplir carencias o cubrir carencias futuras previsibles, retener al personal actual para evitar la aparición de estas carencias y promover el desarrollo del personal actual para suplir carencias futuras. En este capítulo consideraremos cómo planificar la contratación, retención y sucesión respectivamente, como medios de cubrir dichas las necesidades de conocimiento. La formación y desarrollo de los empleados actuales son tratados con más detalle en el capítulo 4.

Contratación de trabajadores del conocimiento

La contratación es cada vez más una cuestión sofisticada. Los candidatos a empleos actuales, en particular en grandes organizaciones, serán probablemente sometidos a una combinación de pruebas psicométricas (personalidad), de aptitud (ej. conocimientos, capacidad de razonamiento etc.) además de entrevistas convencionales y asistencia a centros de evaluación. El ciclo standard de contratación se ilustra en la Fig. 2.1.

Este enfoque standard está ligado a la noción de 'estructura laboral' (un número específico de puestos de trabajo existentes en la organización) comúnmente denominado 'plantilla'. Según este modelo, se asume generalmente que, cuando una persona se retira, hay un puesto o empleo de naturaleza similar que debe ser cubierto, y el objetivo es ocuparlo en el menor tiempo posible.

Ello se basa en la asunción de que existen 'huecos' (puestos o empleos definidos) en la organización, que deben ser ocupados para que ésta funcione – por lo que cuando una persona se retira, crea una vacante.

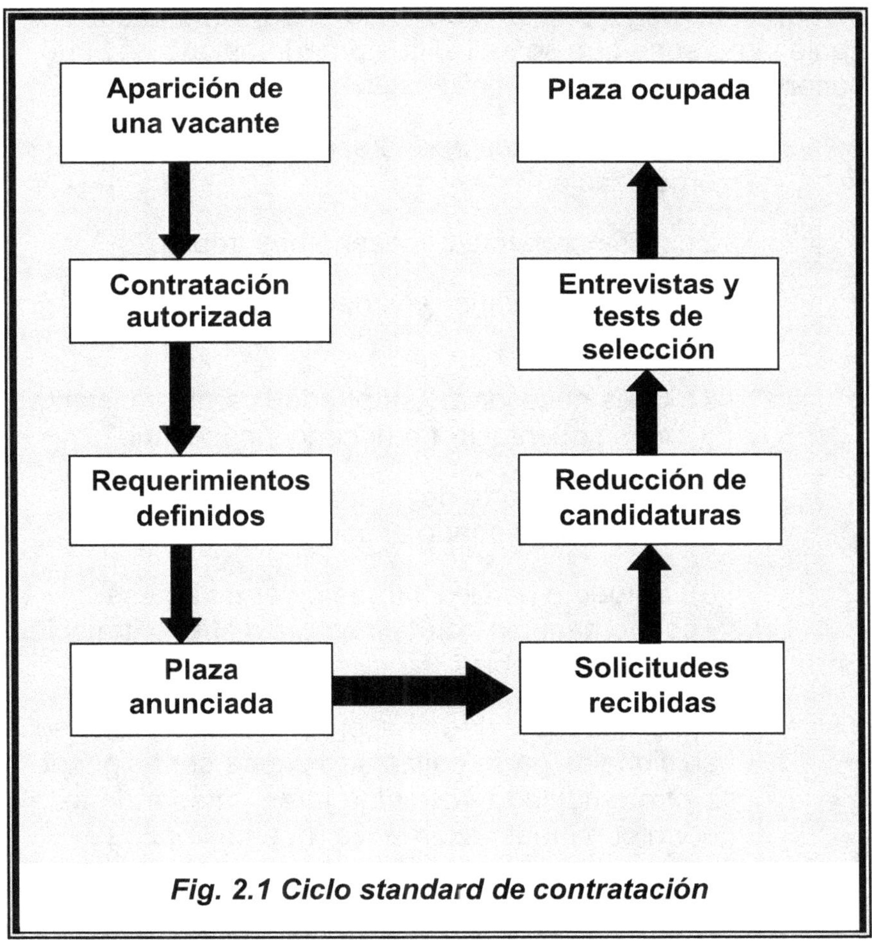

Fig. 2.1 Ciclo standard de contratación

Este es el enfoque burocrático – aunque es frecuente en organizaciones que no se ven a sí mismas como burocracias tradicionales.

Un enfoque alternativo es rechazar la noción de plazas vacantes (huecos libres) y ver la baja de una persona como una oportunidad de revisar los requerimientos de una persona que haga la misma clase de trabajo que la que hacía la persona que se retira. Las preguntas que hay que hacerse son:

1). ¿Qué valores aporta ese trabajo a la organización?

2). ¿Es realmente necesario ese trabajo?

3). Si es necesario, ¿es necesario en su totalidad?

4). Si es necesario, ¿se pueden cambiar sistemas y procedimientos para hacerlo innecesario?

5). Si todo o parte del trabajo debe hacerse, ¿puede ser asignado al personal actual?

6). Si todo o parte del trabajo debe hacerse ¿puede hacerse con tecnología o subcontratación a un precio viable?

7). Si el trabajo debe hacerse y necesita recursos adicionales para realizarse ¿puede ser asignado a otro empleado y cubrir la tarea anterior de éste por algún medio alternativo (que no implique contratación)?

El número de preguntas planteadas depende de cuán ambiciosos sean los propósitos. En este enfoque se trasluce la idea de que los puestos de trabajo en la organización no existen por derecho propio, sino que existen sólo si son necesarios para cumplir los objetivos de la organización. En esencia, reemplazar a una persona que se retira, desde este punto de vista, es ocupar una vacante ya que no existe la idea subyacente de que los puestos de trabajo tengan existencia continua independiente de las personas que los ocupan.

Puede avanzarse un paso más en este enfoque, en un entorno de gestión del conocimiento, que implique evaluar los requerimientos de conocimiento actuales y futuros de la organización. Esto supone la creación y ocupación de empleos basándose en valorar las necesidades de conocimiento. Y también puede suponer la contratación de personas aunque no exista un puesto previo, si tienen conocimientos y habilidades deseables para la organización.

Esta creciente flexibilidad así como el distanciamiento del concepto de plantilla de empleados y control por parte del 'establishment' empresarial crea cuestiones difíciles para algunos profesionales de RR. HH. Dichas dificultades no carecen de base. Surgen de la naturaleza sistemática de las prácticas aceptadas por RR. HH. impulsadas en parte por la legislación sobre empleo. Esta tensión se ilustra en la Fig. 2.2.

Un enfoque sistemático del proceso de contratación, que puede ser defendido por ejemplo en un tribunal de empleo, tiene apariencia de equidad (en particular desde el punto de vista de la igualdad de oportunidades) y funciona para minimizar el riesgo de fallos. Todo ello son beneficios valiosos, pero, un enfoque menos sistemático y más flexible es más acorde con la naturaleza de rápidos cambios del trabajo y de las organizaciones y se centra en el valor aportado por los individuos y no en los roles que desempeñan.

En el modelo mostrado arriba, este valor añadido se clasifica como 'intangible' aunque en muchas organizaciones es inmediatamente obvio qué empleados aportan valor real y cuáles simplemente 'hacen su trabajo'.

Cuanto mayor sea una organización, y debemos

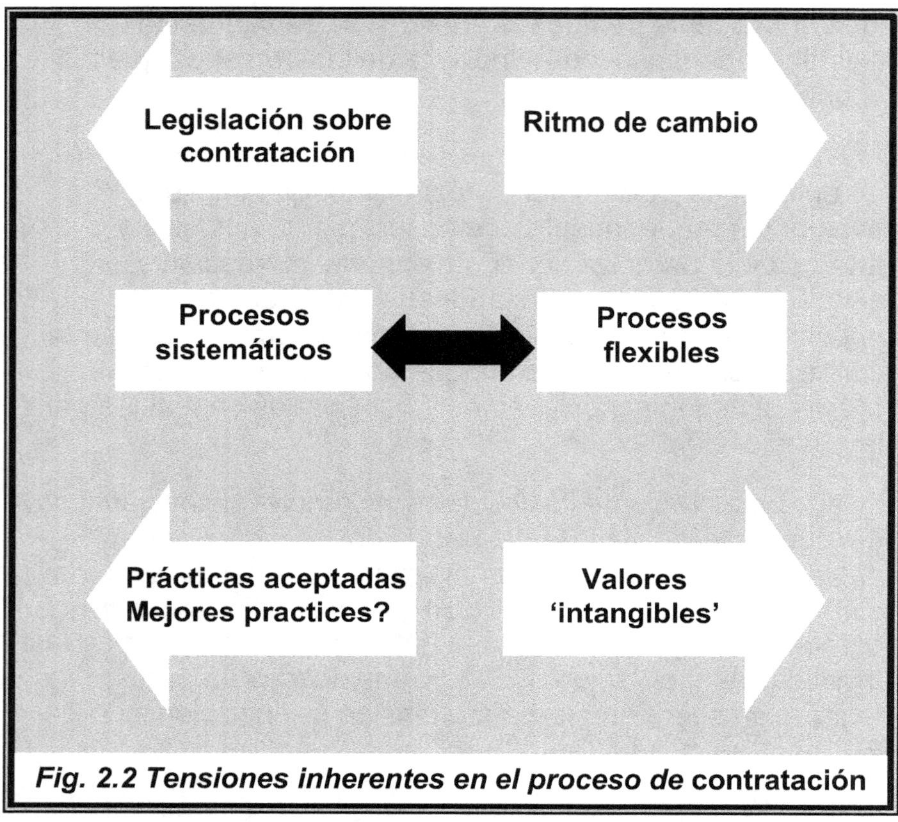

Fig. 2.2 Tensiones inherentes en el proceso de contratación

indicar, cuanto mayor sea el departamento de RR. HH., tanto más probable es encontrar procesos de contratación sistemáticos basados en la mera filosofía de plantilla de empleados. Sin embargo, hay excepciones, con frecuencia como parte de un intento por recrear el dinamismo e innovación de organizaciones más pequeñas. Ciertamente, una idea que atrae intuitivamente es que, mientras más orientados a minimizar los errores sean los sistemas de contratación, tanto más probable es que descarten a aquellas personas más proclives a desafiar el statu quo y generar cambios innovadores.

Si se trata con grandes números, o con situaciones donde lo importante para el éxito es el conformismo y la habilidad de manejar tareas segmentadas, entonces ese proceso de selección puede ser apropiado. Pero si se trata con un entorno de conocimiento, donde innovación y creatividad van unidas al éxito de modo inseparable, entonces es menos probable que resulte adecuado. Aun así, las 'prácticas usuales' están tan extendidas que es probable que ambos tipos de organizaciones adopten prácticas de contratación similares, con independencia de sus necesidades dispares. En la Fig. 2.1 vimos el proceso standard de contratación. En un entorno de conocimiento, estos procesos standard pueden modificarse para reflejar los valores que operan en dichos entornos. Ello se muestra en la Fig. 2.3.

En la Fig. 2.3 hay dos puntos de entrada al proceso, ninguno de los cuales es necesariamente generado por la presencia de una vacante. Uno de ellos es la identificación de un 'hueco' de conocimiento; el otro es la identificación de un individuo con habilidades y conocimiento que serían valiosos para la organización.

Atraer trabajadores del conocimiento

Tanto si el punto de entrada al proceso de contratación (en un entorno de conocimiento) empieza en una persona o en la identificación de un 'hueco' de conocimiento, los individuos deben ser atraídos a trabajar en la organización.

Para algunas organizaciones, hacerse atractivos a empleados potenciales supone desarrollar una 'imagen de marca' fuerte, por medio de publicidad corporativa y actividades de promoción, incluyendo la presencia en medios sociales. Históricamente ello ha supuesto un ejercicio caro, fuera del presupuesto de muchas organizaciones. Sin embargo, todas las organizaciones pueden adoptar, en mayor o menor grado, un enfoque de marca, y el desarrollo de la Web y las redes sociales ha reducido en modo significativo el coste asociado.

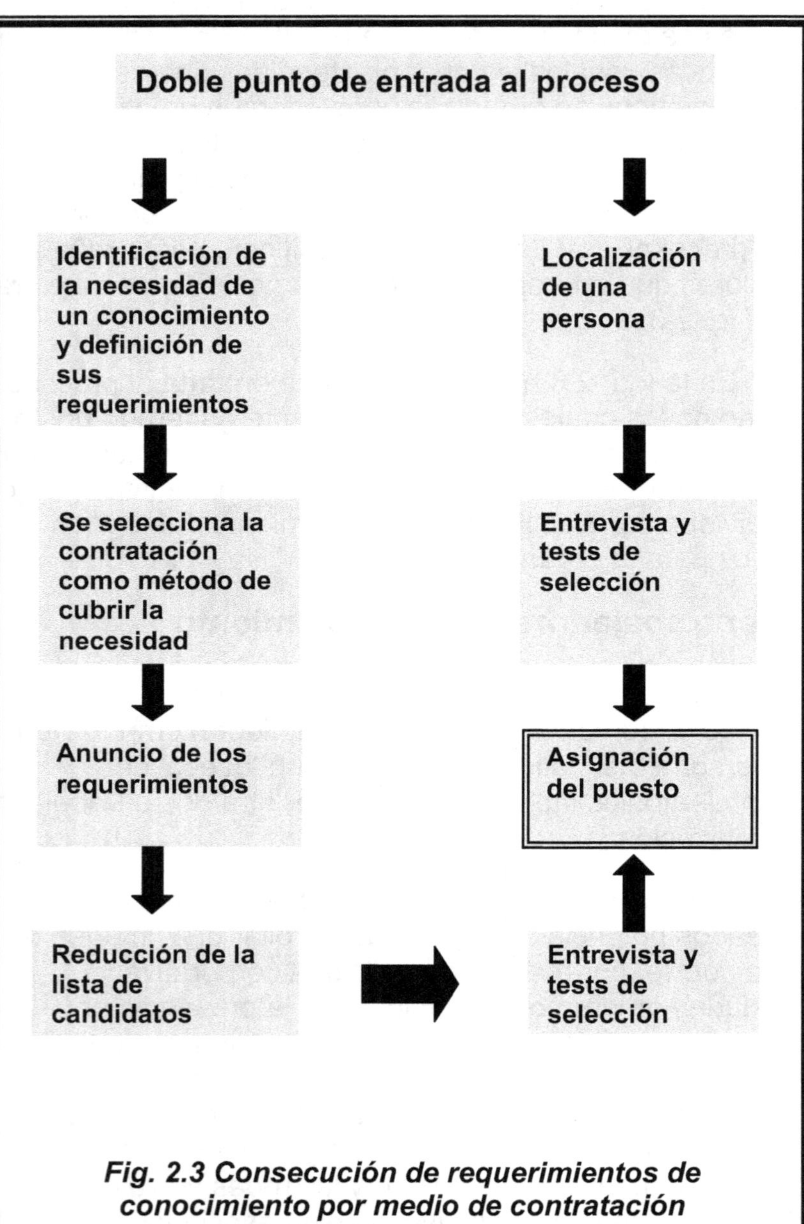

Fig. 2.3 Consecución de requerimientos de conocimiento por medio de contratación

Para el personal de RR. HH. ello supone comprender la esencia del marketing y las relaciones públicas, así como la dinámica de las redes sociales. Si dichos conocimientos existen ya en la organización, se puede elaborar una alianza estratégica. Si no existen, depende del personal de RR. HH. asegurarse de que los recursos bajo su control – avisos, publicaciones internas, folletos, comunicaciones con solicitantes de empleo, notas en medios sociales etc. reflejen la imagen de marca deseada y expresen mensajes adecuados y consistentes.

Hay varios riesgos muy simples que se deben evitar – describir una organización como progresiva e innovadora en un anuncio y enviar un paquete informativo conteniendo una detallada descripción de cuatro páginas de un puesto de trabajo, no convencerá a un solicitante potencial de que la organización es realmente progresiva e innovadora. Igualmente, anunciar que una organización está "orientada al cliente" y que "busca la excelencia" en los servicios que proporciona, pero no disponer de un servicio que guarde mensajes de los solicitantes potenciales 24 horas al día, contradice lo expresado en el anuncio y puede desalentar a los solicitantes genuinamente comprometidos con el servicio al cliente y el logro de la excelencia en los servicios proporcionados.

Nunca enfatizaremos lo suficiente la importancia de expresar, tanto en acciones como en palabras, un conjunto consistente de valores al contratar trabajadores del conocimiento. En una economía del conocimiento, con su énfasis en habilidades y conocimientos individuales, las organizaciones que no proyectan un conjunto consistente y atractivo de valores están en desventaja ya que los trabajadores del conocimiento "votarán con sus pies" por así decirlo, y se llevarán sus habilidades a otra parte. Y ello es aplicable tanto a la contratación como a la retención.

Contratar trabajadores del conocimiento requiere también un enfoque flexible de los medios de contratación. El enfoque tradicional, publicando avisos en publicaciones profesionales, no es el único, ni es necesariamente el mejor medio de captar solicitudes de empleo.

Con enfoques más flexibles, la distinción entre contratar para cubrir necesidades específicas o impulsar la imagen de marca para atraer solicitudes concretas se vuelve difusa. De todos modos, los enfoques adoptados por las organizaciones incluyen:

1). Patrocinio de eventos que puedan atraer a la audiencia adecuada.

2). Involucrarse en proyectos comunitarios.

3). Establecer vínculos con universidades y colegios – desde becas y apoyo a estudiantes individuales, hasta patrocinar cursos cortos que proporcionen 'créditos' pero que también introducen a los estudiantes en el sector industrial y el ámbito del empleador, o el desarrollo de proyectos conjuntos con colegios.

4). Anuncios externos en documentos minoritarios y grupos de interés, publicaciones y sitios web relacionados.

5). Anuncios internos incluyendo incentivos por indicar referencias – dirigidos a cualquier empleado que indique a un candidato aceptado por la compañía. Una variante puede ser un esquema de incentivar las referencias, según el cual cualquiera que refiera un candidato para la compañía entre a formar parte de un sorteo, con independencia de que el candidato sea aceptado.

6). Dirigirse a segmentos tradicionalmente rechazados por el mercado, por ejemplo, personas mayores de 60 años, familias monoparentales, etc.

7). Uso de Internet y redes sociales.

8). Adecuación mediante programas informáticos.

Escoger diferentes medios de atraer personas a la organización, significa explorar tantos caminos como sea posible, pensar creativamente y evitar crear barreras artificiales a fin de contratar a los mejores trabajadores del conocimiento – en particular, evitando discriminar en base a raza, sexo, origen étnico, creencias religiosas, orientación sexual, género, edad, 'casta' status social etc. Tales discriminaciones, no sólo pueden tener consecuencias morales o legales, sino que pueden además frenar la afluencia de personas aptas y de talento, limitando futuras ventajas competitivas.

Según la experiencia de los autores, puede requerir bastante esfuerzo y perseverancia atraer candidatos procedentes de sectores de población tradicionalmente discriminados o en desventaja – en particular si los procesos de contratación son muy burocráticos o cuando los requerimientos para el puesto de trabajo son muy detallados.

En conversaciones con solicitantes de empleo se puso en evidencia que aquellos procedentes de entornos que podríamos calificar de 'privilegiados', no fueron disuadidos de solicitar un empleo, incluso si no cumplían todos los requerimientos del empleo – seguramente un reflejo de una mayor confianza y de la asunción implícita en la experiencia común de que, si las normas pueden ser forzadas, lo serán en su favor (hecho que podemos caracterizar como 'mentalidad de privilegio'.

Sin embargo, los segmentos de la comunidad que han experimentado históricamente discriminación, manifestaron menor tendencia a esas apreciaciones – quizá reflejo de una menor confianza y de la asunción implícita basada en su experiencia vital de que si las reglas pueden forzarse, lo harán en su contra (lo cual podemos caracterizar vagamente como 'mentalidad del oprimido'). Aunque no se trataba de un estudio científico, y cualquiera que fuera la razón de las diferencias apreciadas, parece recomendable

Fig. 2.4 Grado de atracción hacia trabajadores del conocimiento

la cautela en el uso de descripciones de los requerimientos de un empleo excesivas o demasiado detalladas, así como mantener una visión equilibrada y pragmática. Anunciar criterios de empleo idealizados o imposibles de alcanzar para cada empleo a cada nivel no ayuda a la credibilidad, y hará necesario un esfuerzo y flexibilidad considerables para atraer a un amplio espectro de solicitantes.

El profesional de RR. HH. en un entorno de conocimiento debe comprender el abanico de distintas opciones para atraer candidatos, así como comprender el marketing y el 'valor de marca'. Debe ser lo suficientemente flexible para proponer métodos de contratación diferentes y ser capaz de representar el punto de vista de RR. HH. en discusiones de estrategias de marketing más amplias. En un entorno de conocimiento, la tendencia de algunos departamentos de RR. HH. a intentar mantener fuera de las necesidades de contratación a las personas de marketing y Relaciones Públicas, debe ser reemplazada por una alianza estratégica que les invite a participar de la problemática de RR. HH. y permita a esta última involucrarse en actividades más amplias de marketing y Relaciones Públicas.

Selección

La etapa de selección es el punto en que se toma la decisión de contratar o no a una persona. No existe una diferencia clara entre las etapas de captación y contratación – por ejemplo, reducir una lista de candidatos estaría en ambas categorías, y los anuncios podrían conducir a ciertas personas a excluirse de la selección, no solicitando el empleo. Sin embargo, es habitual distinguir entre el proceso de atraer personas a la organización ('captación') y el proceso de toma de decisión sobre quiénes deberían ser invitados a unirse a la organización (selección).

Las herramientas comunes de selección incluyen:

*1). **Entrevistas informales** – comúnmente uno a uno, descritas como informales (o no* *estructuradas) dado que no existe un formato preestablecido. Se usan generalmente cuando el énfasis es en la adecuación del candidato (acoplamiento cultural).*

2). Entrevistas estructuradas – *comúnmente con una mesa de entrevistadores que siguen un formato establecido de áreas a explorar, con frecuencia en base a preguntas predeterminadas.*

3). Test psicométricos – *valoración de la 'personalidad' por medio de cuestionarios.*

4). Test de aptitud – *pruebas de conocimientos y habilidades, típicamente de razonamiento o específicas del empleo.*

5). Biodatos – *análisis de información biográfica (ej. información en una aplicación especialmente diseñada o en modo de formulario con múltiples elecciones) para identificar la presencia de experiencias o historia profesional asociadas con éxitos.*

6). Referencias – *tanto estructuradas (ej. un cuestionario a completar sobre empleos previos) como no estructuradas (ej. una carta solicitando comentarios sobre adecuación).*

7). Centros de valoración – *una combinación de tests y ejercicios que dan como resultado un informe sobre las habilidades y potencial del individuo.*

En algunos países europeos se usa también la grafología (análisis de escritura manual). Sin embargo es relativamente poco usual en el Reino Unido. También hay indicaciones del uso de "trawling" (uso de fuentes de datos on-line tales como textos en redes sociales) para completar el perfil de un candidato. Puede ser un área en desarrollo – en particular en áreas de empleo políticamente sensibles – aunque si dicha información es o no de gran valor en la mayoría de situaciones de contratación sigue siendo cuestionable en la actualidad, dada la tenue relación entre cómo querríamos ser vistos por los demás (reflejado en textos en los medios sociales) y cómo seríamos de eficientes en un trabajo. Claramente se trata de un área proclive al abuso por ambas partes.

Los tres criterios técnicos principales para juzgar una herramienta de selección son:

1). ¿Miden lo que aseguran que miden? (Validez constructiva.)

2). ¿Miden en todos los casos lo que aseguran que miden? (Fiabilidad.)

3). ¿Predicen el éxito en el empleo y en el potencial? (Validez predictiva.)

Además, en un entorno de conocimiento, es también importante juzgar los métodos de selección respecto a criterios de:

a) aceptabilidad *de los que son sometidos al test – no es inusual en trabajadores del conocimiento desconfiar de determinadas técnicas de selección (o no aceptar su validez) y rehusar tomar parte en ellas – ello se aplica en particular al uso de tests;*

b) eficacia en el coste *– los procedimientos de selección altamente sofisticados son costosos y dicho coste puede no estar siempre justificado, en particular si no es previsible que el individuo que está siendo seleccionado permanezca a largo plazo en la organización.*

No es posible, dentro del alcance de este libro, cubrir las detalladas y valiosas investigaciones relativas a los distintos métodos de selección. No obstante, vale la pena indicar dos dificultades a la hora de establecer la validez de los diferentes métodos. Son estas:

A pesar de estas dificultades inherentes, es posible comparar tasas de éxito antes y después de la introducción de diferentes métodos, en especial en casos donde existen medios objetivos de medir contrataciones exitosas, por ejemplo, por el rendimiento en tareas específicas o por reducción de la duración de un proceso. Sin embargo, en muchos casos de contratación de trabajadores del conocimiento, es poco probable que la evaluación de diferentes métodos de selección sea suficientemente rigurosa o sistemática como para permitir afirmaciones poco cualificadas sobre su validez relativa. Teniendo en cuenta estas reservas, la clasificación en términos de validez, de los métodos expuestos más arriba se expresa en general tal como indica la Fig. 2.5.

Muchas investigaciones muestran una caída significativa de la validez entre entrevistas estructuradas y no estructuradas. La posición de los Centros de Evaluación en lo alto de la escala depende de cómo sean gestionados – es cada vez más frecuente oír hablar de evidencias anecdóticas sobre mal funcionamiento de Centros de Evaluación, con frecuencia integrados en un proceso de cambio organizativo.

Las guías básicas para gestionar un Centro de Evaluación se muestran en la Fig. 2.6. Debemos enfatizar sobre el uso de personal adecuadamente entrenado para diseñar y gestionar Centros de Evaluación, dado su impacto en los individuos.

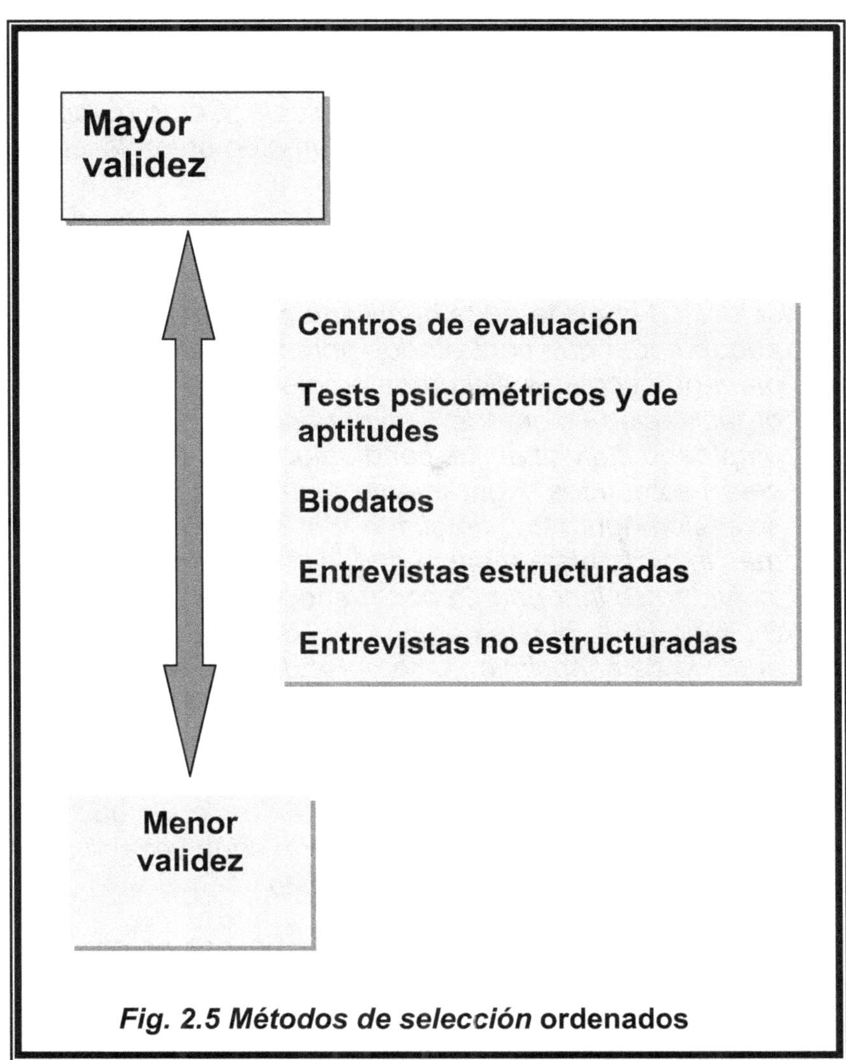

Fig. 2.5 Métodos de selección ordenados

Los riesgos para el profesional de RR. HH. que surgen de una relativa sofisticación en las técnicas de selección en un entorno de conocimiento son:

1). Descartar las características de personalidad asociadas con la creatividad y la innovación – ello puede suceder debido a la tendencia a seleccionar de acuerdo a normas generadas internamente o generadas por estudios a gran escala. Como hemos indicado antes, puede suceder también por seleccionar para 'encajar' en la cultura existente.

2). Alejar a candidatos potenciales debido a procesos de selección demasiado complejos o por ejercicios de selección considerados humillantes u ofensivos. Ello puede hacer que contratados potenciales decidan no proseguir con su solicitud de empleo. Si la organización es grande y no depende de cualquier empleado individual, los candidatos que desean unirse serán sometidos seguramente a un proceso de selección riguroso y detallado. Sin embargo, ello es más improbable a medida que la importancia del individuo se incrementa con respecto a la organización. Es importante que la persona de RR. HH. en un entorno de conocimiento comprenda esta ecuación de valores. Esta ecuación es a su vez cambiante. Las organizaciones que tradicionalmente se veían a sí mismas como superiores y no dependientes de cualquier empleado individual, están teniendo que revisar, en una economía dominada cada vez más por el conocimiento, este punto de vista.

No obstante, la existencia de estos riesgos no elimina la necesidad de una selección eficaz, más bien apunta a la necesidad de un uso flexible de las técnicas y una comprensión, tanto de las características de los individuos buscados como de las necesidades de la organización. Igualmente requiere un grado de asunción de riesgos, ya que lo que la organización cree que necesita no es necesariamente lo mismo que lo que necesita en

<u>**Guía de 10 puntos para Centros de Valoración**</u>

1. Aptitudes, habilidades y atributos a evaluar que deben ser determinados previamente.

2. Técnicas de evaluación a ser diseñadas que proporcionen información para la evaluación de aptitudes, habilidades y atributos predeterminados.

3. Usar más de una técnica de evaluación.

4. Involucrar a más de un evaluador.

5. Formar a todos los evaluadores.

6. Informar previamente a todos los participantes.

7. Evaluaciones de comportamiento a ser efectuadas en diferente momento que las observaciones de comportamiento.

8. Evaluación final basada en información combinada de más de una técnica de evaluación y más de un evaluador.

9. Evaluación final discutida con el individuo en cuestión y adición al informe final de cualquier comentario que quiera añadir.

10. Los informes finales deben usados exclusivamente para los fines indicados a los participantes en la reunión informativa inicial.

Fig. 2.6 Guía de puntos para centros de evaluación

realidad. Este proceso se ilustra en la Fig. 2.7.

Identificación de aptitudes y atributos para trabajadores del conocimiento

El modo tradicional de definir las aptitudes y atributos que precisan los solicitantes de un empleo es por medio de un análisis sistemático de los requerimientos del puesto de trabajo. Este método es efectivo si lo que se busca es a alguien para ocupar un vacante o realizar una función particular. Pero es menos efectivo si se pretende contratar a un trabajador del conocimiento que añada valor a la organización más a largo plazo, donde podría pedírsele realizar tareas distintas a lo largo del tiempo o donde lo que se busca es un enfoque innovador y creativo. También depende de si se contrata para vacantes específicas, en vez de contratar para añadir individuos con talento al conjunto de empleados o para cubrir carencias de conocimiento.

El enfoque basado en análisis de la tarea puede conducir a uno de los peligros identificados más arriba de descartar individuos con la creatividad e innovación necesarias en un entorno de conocimiento.

Un enfoque más adecuado a un entorno de conocimiento es establecer las aptitudes y atributos buscados en trabajadores del conocimiento y la evidencia potencial de poseer tales aptitudes y atributos. Esta evidencia puede buscarse en experiencias basadas en el trabajo o no basadas en él – particularmente importante si se trata de candidatos con experiencia en el trabajo no standard o limitada.

Una herramienta útil para establecer las aptitudes y atributos buscados en trabajadores del conocimiento es desarrollar un marco que identifique las competencias típicas asociadas al éxito como trabajador del conocimiento. Las áreas típicas de competencia que podrían investigarse incluyen:

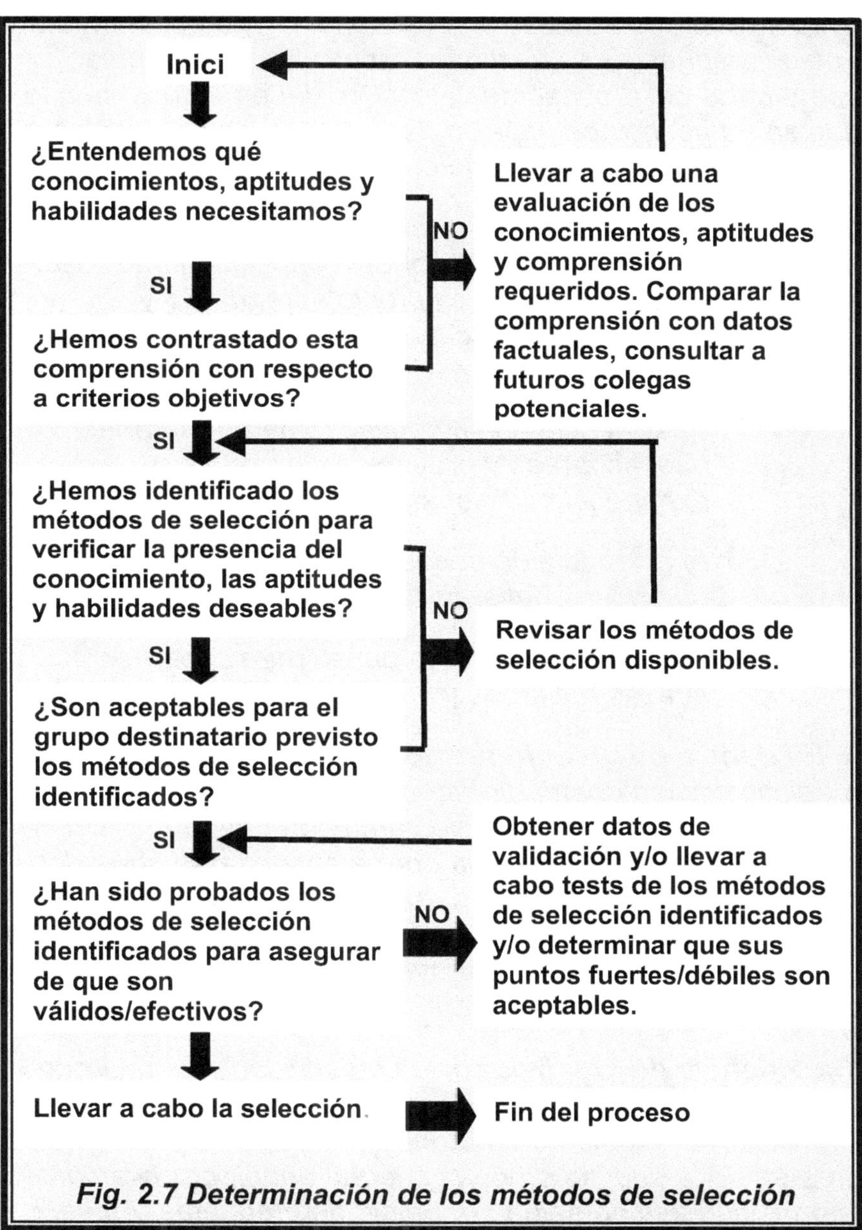

Fig. 2.7 Determinación de los métodos de selección

1. Nivel de especialista en el área relevante – *su evidencia puede basarse en el historial previo del individuo y en sus respuestas a cuestiones técnicas. Las preguntas como parte del proceso de selección, deben enfocarse a lo que se ha hecho, los papeles desarrollados en proyectos, en qué han contribuido a un equipo de especialistas.*

2. Compromiso con el aprendizaje y el desarrollo – *un atributo clave para un trabajador del conocimiento exitoso es su habilidad para gestionar su propio aprendizaje y desarrollo. Este punto está cubierto con mayor detalle en el Capítulo 4. Algunos puntos particulares a observar serían:*

> *a) evidencia de su confianza para emprender nuevas tareas y proyectos y en buscar experiencia adicional;*

> *b) evidencia de curiosidad intelectual y deseos de entender y hallar cosas;*

> *c) evidencia de compromiso para aprender nuevas aptitudes y nueva información.*

3. Evidencia de un enfoque cooperativo – *cooperación y predisposición a compartir información e ideas con los demás son atributos esenciales en un entorno de conocimiento. Esta evidencia puede encontrarse fuera del contexto laboral, por ejemplo, trabajo voluntario basado en sus áreas de especialización, o en el contexto laboral en sus contribuciones a equipos y proyectos (así como su comprensión de su propia contribución).*

4. Evidencia de creatividad – *la creatividad y la habilidad de conectar diferentes áreas y experiencias es más difícil de identificar por medio de un proceso de selección. Se trata de un área en la que las pruebas pueden añadir positivamente información a la obtenida por medio de preguntas. Aun así, las preguntas que se centran en lecciones aprendidas en distintas experiencias (fuera y dentro del trabajo) pueden ser reveladoras al mostrar la habilidad de los individuos para* *conectar distintas ideas y experiencias y transferir aprendizaje de un contexto a otro.*

5. Habilidad para adaptarse a culturas diferentes – en este punto se incluye la habilidad de ser eficaz dentro de la cultura de la organización (lo cual es más importante y distinto a simplemente adecuarse a la cultura). Evidencias de este punto podrían ser lograr éxito en diferentes tipos de organizaciones con culturas diferentes o diferentes sectores de empleo y la habilidad de entender y expresar la diferencia entre culturas de trabajo diferentes.

Al evaluar estas áreas, es importante observar lo que el individuo ha hecho dentro y fuera del contexto laboral. Por ejemplo, si su trabajo previo estaba definido de forma más bien restrictiva, puede que no haya tenido la oportunidad de implicarse en nuevas tareas y proyectos. Sin embargo, puede que en su vida extra laboral se haya involucrado en actividades de voluntariado, sea miembro de una junta escolar o haya recorrido Australia con una mochila etc. Del mismo modo, el compromiso de aprender habilidades y conocimientos nuevos puede manifestarse en aprendizaje basado en el trabajo o en clases nocturnas para adultos. La curiosidad intelectual puede manifestarse a través de las preguntas que planteen como parte del proceso de selección, o por una comprensión amplia de su trabajo y organización previos, o por sus aficiones y objetivos personales.

Estándares mínimos de los solicitantes

El establecer niveles mínimos a los solicitantes en términos de habilidad intelectual, entendiendo ésta como habilidad conceptual y de razonamiento, puede parecer controvertido restrictivo. Sin embargo al hacerlo así se aprecian ventajas a largo plazo en un entorno de conocimiento.

Contratar basándose en Estándares intelectuales mínimos puede permitir asegurarse una plantilla flexible capaz de moverse en áreas diferentes de trabajo y desarrollarse a medida que lo hace la organización. El argumento en contra el uso de estándares mínimos está asociado a la idea de que cualesquiera que sean los estándares aplicados deberían estar relacionados específicamente con el puesto de trabajo a cubrir. Tal y como hemos comentado antes, ello refleja la idea de que la contratación consiste en rellenar puestos de trabajo vacantes. Aunque sea difícil abandonar este enfoque para el profesional de RR. HH., los intereses de la organización se cumplen mejor pensando en términos de requerimientos de empleo más bien que requerimientos de puesto de trabajo. Los requerimientos de empleo son mucho más amplios que los requerimientos de puesto de trabajo y reflejan con mayor precisión el nivel de cambio adecuado y el grado de flexibilidad requerido en organizaciones basadas en el conocimiento. El llenar simplemente un puesto vacante sin considerar unos estándares mínimos podría dejarnos con un empleado incapaz de desarrollarse o de moverse entre roles distintos a medida que cambian las circunstancias – una forma de obsolescencia imbricada en el sistema.

Al especificar los requerimientos mínimos puede ser peligroso basarse exclusivamente en logros académicos – por ejemplo el criterio "cuatro GCSE (1) con nivel C o superior incluyendo Matemáticas e Inglés" comúnmente usado en el pasado. Basarse sólo en los logros académicos puede poner en desventaja a personas igualmente aptas que no se han calificado bien en el sistema académico por una serie de razones, que pueden no estar relacionadas con sus habilidades intelectuales. Un enfoque basado en test puede discriminar estos factores y proporcionar un indicador mejor a ser usado en la organización. Un test o series de test pueden ser también valorados – en formas que la experiencia educativa no puede hacerlo – para indicar el impacto adverso en segmentos particulares de la sociedad (ej. por género, clase social u origen étnico) y poder tomar las acciones adecuadas.

(1) - CGSE: *General Certificate of Secondary Education*. Es una cualificación académica en la enseñanza secundaria del Reino Unido. El nivel C sería el equivalente a 'aprobado'. (N. del T.)

Planificación de la sucesión

La planificación de la sucesión tradicional se preocupa por alcanzar las necesidades futuras de empleo de la organización a partir de los recursos existentes. Normalmente se basa en identificar las carencias que se prevé sucedan en la organización debidas a cambios futuros previstos o a factores conocidos tales como retiros planificados. Los empleados estarán entonces preparados para cubrir esas vacantes, usualmente por medio de formación y desarrollo y de experiencias estructuradas en el trabajo.

Si se lleva a cabo de modo efectivo, puede facilitar la transición cuando parte del personal se retira y puede contribuir a la motivación y moral dentro de la organización en base a facilitar la progresión de carreras profesionales. Una transición suave podría, a niveles senior, no sólo proporcionar continuidad y reducir los costes de contratación, sino que también puede ayudar a estabilizar el precio de las acciones cuando los ejecutivos de dirección se van de la compañía. Una planificación de sucesión efectiva se considera habitualmente la marca de una organización que piensa en el futuro y es capaz de gestionarlo. En un mundo de cambios incrementales y una sucesión estable de las carreras, la planificación minimiza el trauma de los cambios en el equipo de trabajo.

Sin embargo, la economía basada en el conocimiento puede ser muy distinta del entorno tradicional de planificación de sucesión. Ello ha conducido en muchos casos a cuestionarse la pertinencia o el valor de planificar la sucesión. Con frecuencia, en círculos de RR. HH. es visto como el coto privado de amplias burocracias y multinacionales.

Aunque la planificación de sucesión asociada a planificación de la plantilla puede ser menos relevante en una economía de conocimiento, la planificación de sucesión tiene aún un papel que jugar relacionada con el logro de requerimientos futuros de habilidades y conocimientos. En este contexto, la pregunta no es '¿podemos desarrollar a alguien internamente para reemplazar a 'x' cuando se retire?' lo cual se basa en la idea de 'hueco de trabajo' a ser ocupado. Más bien la cuestión se torna en "¿qué conocimientos y carencias de habilidades se crearán si 'x' se retira y cómo podemos cubrir esas carencias?" Promover a alguien internamente es una de las posibles respuestas a esta pregunta. Otras respuestas suponen planificar la ocupación de la carencia prevista por medio de tecnología, por externalización o por la introducción de nuevos procesos.

Ello no presupone dar a la persona promocionada el empleo de 'x' cuando se retire. Al comentar la contratación anteriormente en este capítulo, se argumentó que no hay por qué asumir que la persona que se retira crea una vacante a cubrir. Sin embargo, si la decisión es contratar es muy probable que deba existir un candidato interno creíble al contratar para cubrir una necesidad de conocimiento creado por un evento conocido tal como un retiro planificado. Lo cual no quiere decir que el candidato interno tenga necesariamente éxito. Pero si no hay un candidato interno creíble, ello indicaría un fallo de predicción, de prospectiva y de preparación. De hecho, un fallo en gestionar las necesidades de conocimiento futuras y a los trabajadores de conocimiento ya empleados.

En un entorno de conocimiento, la planificación de sucesión no consiste simplemente en planificar la colocación de una persona en el lugar de otra. La planificación de sucesión es más bien resolver anticipadamente carencias en conocimientos y habilidades, que pueden ser resueltas por diferentes modos de hacer y por diferentes tecnologías. A medida que el puesto de trabajo se convierte en un entorno humano y tecnológico más integrado, una planificación de sucesión eficaz debe comprender el 'retiro' planificado de personas, tecnología y sistemas. En esta situación, el papel de RR. HH. supone trabajar estrechamente con los responsables de dichas áreas.

Retención de trabajadores del conocimiento

Con frecuencia, para muchos trabajadores del conocimiento, puede parecer que el empeño que las organizaciones ponen en contratarlos no se reflejan en los esfuerzos para retenerlos. Ello refleja una tendencia muy humana a dar por garantizadas las relaciones existentes y concentrar energías y esfuerzos en nuevas relaciones. Sin embargo, la retención de los trabajadores del conocimiento existentes es tan importante como la contratación de nuevos trabajadores, si se quiere evitar la aparición de carencias en el conocimiento.

En un entorno de conocimiento, la retención estará ligada por una parte al sistema de retribuciones (tratado en el capítulo 3) y por otra a la presencia de oportunidades de aprendizaje y desarrollo (tratado en el capítulo 4). Y también estará ligada a la correlación entre valores organizativos y valores individuales, que permita a los individuos alcanzar sus objetivos personales y profesionales, así como a un enfoque en la gestión de RR. HH. suficientemente flexible como para aceptar modos de trabajar que encajen con estilos de vida individuales.

Retención y el contrato psicológico

Un concepto importante en la retención de trabajadores del conocimiento es el de contrato psicológico. En general se puede definir como un acuerdo implícito, no escrito, entre empleador y empleado. Por ejemplo, la idea de que se dará una paga digna por un trabajo digno podría ser parte de ese contrato psicológico. Se ha escrito mucho en diversos medios sobre el 'contrato psicológico' y no es posible proporcionar un análisis detallado dentro de los límites de este libro. En forma resumida, los puntos clave del contrato psicológico son:

> *1). No se trata de un contrato legal, aunque algunos elementos que normalmente forman parte del contrato psicológico podrían ser calificados por tribunales como cláusulas*

implícitas de un contrato de empleo escrito – por ejemplo, el mantenimiento de confianza.

2). Se basa en expectativas mutuas, aunque frecuentemente no expresadas, entre empleador y empleado y constituye la base de la confianza dentro de una organización.

3). Tiene su raíz en creencias sobre qué debería suceder y es un reflejo de los valores organizativos e individuales siendo por lo tanto dependiente de la cultura.

4). No es siempre comprendido o expresado claramente por parte tanto de empleadores como de empleados.

5). Las 'cláusulas' del contrato psicológico se hacen más evidentes cuando se vulneran.

6). Las vulneraciones del contrato psicológico se experimentan frecuentemente por los empleados como un sentimiento de que el empleador ha actuado de forma deshonesta y por los empleadores como un sentimiento de haber sido traicionados o decepcionados por los empleados.

Hay indicios, y algunas evidencias refuerzan tal idea, de que en años recientes el contrato psicológico ha dejado de existir o ha cambiado drásticamente de forma. Ello se basa en la idea de que el contrato psicológico que existía ha sido deteriorado por los cambios organizativos frecuentes, las reducciones de tamaño, la banalización de algunos trabajos y así sucesivamente. La sensación es que, lo que existe en la actualidad es un punto de vista más 'realista' e instrumental, y que la relación entre empleador y empleado se basa en mutuo interés propio y mutua explotación. Lo cual puede verse como el fin de la validez del concepto de 'contrato psicológico', o como una reescritura fundamental de sus cláusulas.

Igualmente se considera que, el desarrollo de contratos de empleo más formalizados y detallados y la expansión de la legislación sobre empleo han deteriorado el concepto de 'contrato psicológico'. A medida que las relaciones entre empleados y empleadores son regulados cada vez más por medios explícitos, más se reduce el margen para los acuerdos implícitos inherentes al concepto de contrato psicológico.

A pesar de que obviamente para muchos empleados se ha producido una erosión o un cambio considerables en el contrato psicológico, éste continúa siendo un importante concepto para la retención de trabajadores del conocimiento. Los trabajadores del conocimiento, debido a sus expectativas mayores y su mayor percepción del propio valor económico, son especialmente rápidos en juzgar cómo son tratados por la organización y en aplicar explícita o implícitamente, la noción de contrato psicológico. Las infracciones percibidas de este contrato psicológico, sean o no descritas como tales, conducen al resentimiento, desmotivación y problemas de retención. Las infracciones en el contrato psicológico también deterioran la innovación y la creatividad los cuales necesitan un entorno de confianza para prosperar.

Los siguientes puntos prácticos permitirán evitar problemas de retención derivados de infracciones del contrato psicológico:

> *1). Hacer explícitas las cláusulas del contrato psicológico – ello puede lograrse investigando las expectativas mutuas de empleador y empleados.*
>
> *2). Determinar las cláusulas que son razonables y alcanzables por ambas partes y generar un resumen escrito.*
>
> *3). En los casos en que las expectativas percibidas como parte del contato psicológico no puedan cumplirse, explicar los motivos tanto a la dirección como al personal.*

4). Asegurar que la expresión 'contrato psicológico' se convierta en término habitual en las discusiones a nivel de dirección.

5). Valorar el impacto de los cambios organizativos y las prácticas de RR. HH. en el contrato psicológico.

6). Evitar un enfoque demasiado legalista que intente regular todos los aspectos de la relación entre los trabajadores del conocimiento y la organización exclusivamente por medio de clausulas contractuales. No hay muchas ventajas en tener razón legalmente en una disputa, si el resultado es que un trabajador clave abandone la organización.

Retención y prácticas laborales basadas en 'estilos de vida'

Las prácticas laborales basadas en 'estilos de vida' es un concepto amplio que cubre ideas tales como políticas adecuadas a la vida familiar, o trabajo flexible. Ambos conceptos se han orientado históricamente hacia las responsabilidades en el cuidado de los hijos. Sin embargo, no todos los trabajadores del conocimiento son parte de familias nucleares tradicionales ni tienen necesariamente responsabilidades de atenciones hacia los hijos.. Por este motive, usamos la expresión 'prácticas laborales basadas en estilos de vida'.

El principio clave que subyace a las prácticas laborales basadas en estilos de vida es que, el empleo es una parte en la vida de una persona–aunque importante– y precisa ser integrada en el estilo de vida general escogido por cada individuo.

Las prácticas laborales que aceptan este principio buscan minimizar los conflictos potenciales y evitar los conflictos reales entre las exigencias del trabajo y el estilo de vida escogido por los individuos. En la práctica, ello no siempre puede lograrse, a veces debido a la naturaleza del trabajo a realizar y a veces debido a los estilos de vida particulares que los individuos puedan buscar. Sin embargo, proporciona una aspiración y un marco para las decisiones de actuación de RR. HH.

Para los trabajadores del conocimiento, normalmente con elevadas expectativas y fuerte motivación hacia la elección de estilos de vida, las prácticas laborales que contribuirán seguramente a la retención (así como a la contratación) incluyen:

A). Años sabáticos – *remunerados o no.*

B). Trabajo en casa – *en especial la opción de elegir ocasionalmente trabajar en casa de acuerdo con las necesidades del trabajo.*

C). Horario laboral flexible – *(aunque no necesariamente un esquema formal de horario flexible, ya que éste tiende a reflejar el modelo de 'economía industrial' más que el modelo de 'economía del conocimiento', y suele estar basado en reglas y orientado a la observancia del horario.*

D). Acuerdos flexibles sobre permisos – *por ejemplo, la posibilidad de establecer derechos sobre permisos o coger permisos no remunerados.*

E). Pagar a las parejas *para que puedan acompañar a los empleados en viajes de trabajo necesarios.*

F). Guardería infantil – *acuerdos al respecto.*

G). Opciones de trabajo a tiempo parcial – *en particular la posibilidad de alternar entre trabajo a tiempo parcial (jornada reducida) y jornada completa en diferentes momentos del tiempo, así como la posibilidad de compartir el puesto de trabajo.*

H). Jubilación por etapas *o jubilación temprana.*

G). Contratos flexibles *– por ejemplo, estableciendo un contrato base que permita trabajar para la organización por un periodo del año (por ejemplo, 100 días al año) con la oportunidad de desarrollar un negocio o consultoría o buscar otros objetivos externos.*

Estas prácticas laborales basadas en 'estilos de vida' reflejan el deseo de encontrar un punto de equilibrio entre exigencias contrapuestas, como se ilustra en la Fig. 2.8.

Con una población laborar cada vez más sofisticada, tipificada en los trabajadores del conocimiento, el permitir que las personas establezcan su propio equilibrio entre estas exigencias contrapuestas, dentro de un marco que sea a la vez práctico y efectivo en costes desde el punto de vista de la organización, contribuirá a retener a los trabajadores del conocimiento.

También ayudará a las organizaciones que pretendan obtener el máximo de sus trabajadores del conocimiento en términos de compromiso, innovación y creatividad. Sin embargo, cualquiera que sea el marco planteado, precisa reconocer que el balance entre estas exigencias contrapuestas cambiará en momentos distintos de la vida de las personas.

El incorporar todo ello en las prácticas de RR. HH. puede significar un desafío a las nociones tradicionales sobre el desarrollo de las carreras y aceptar a individuos dispuestos a ganar menos a cambio de más tiempo personal o reducir el nivel de un puesto (por ejemplo de un papel directivo a otro puramente profesional) para rebajar la auto exigencia y lograr mayor satisfacción en su empleo. Lo cual tendrá implicaciones no sólo en el area compleja de los planes de pensiones sino también en términos de actitudes y asunciones, en particular durante la contratación.

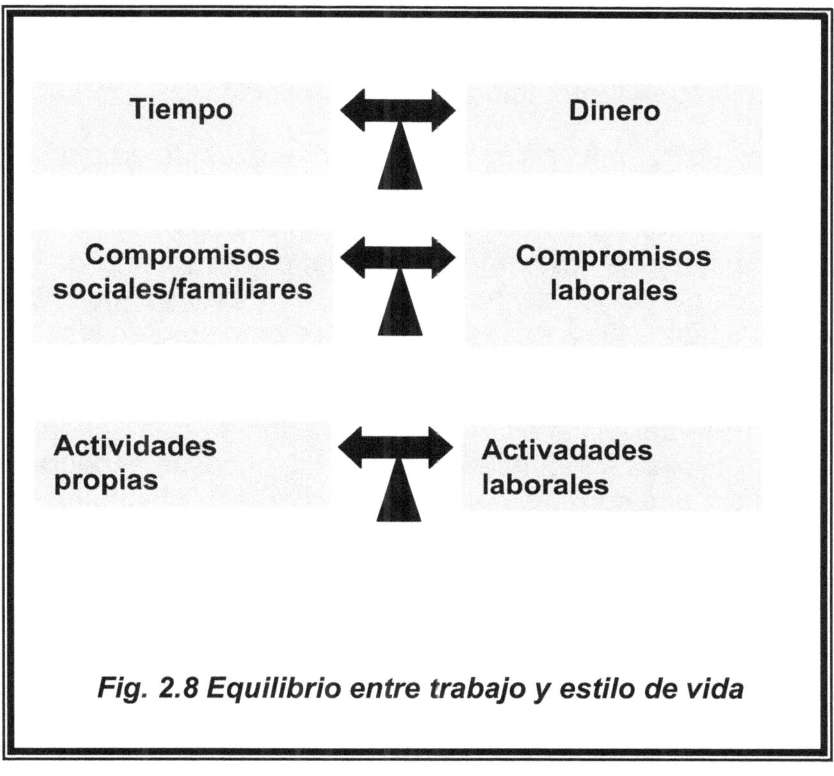

Fig. 2.8 Equilibrio entre trabajo y estilo de vida

Los problemas que pueden ocasionar tales 'elecciones de estilos de vida' en un entorno que no los apoye son conocidos ya por muchas mujeres. Será interesante ver cómo se adaptan las organizaciones a medida que más hombres hagan elecciones similares para evitar la rigidez de los esquemas de carrera tradicionales, que intercambian vida por dinero.

Resumen

En este capítulo se ha puesto la atención en cubrir las necesidades presentes y futuras de conocimiento y habilidades por medio de la contratación de nuevo personal, retención del personal existente y planificación de la sucesión.

Al observar cómo se planifica la contratación, retención y sucesión desde una perspectiva de gestión del conocimiento, la idea de 'rellenar puestos de trabajo' se ve menos relevante que la idea de cubrir carencias de conocimiento – tanto actuales como anticipadas.

Rechazar la noción de rellenar 'huecos de empleo' y centrarse en las personas a contratar o en las carencias de conocimiento a satisfacer conducirá a procesos de contratación más flexibles. Lo cual, sin embargo, implica tensiones derivadas del modo en que la noción de 'puesto de trabajo' se valora en las leyes sobre empleo o en las prácticas de RR. HH.

Para ser eficaces en la contratación de trabajadores del conocimiento, la función de RR. HH. necesita asegurar que exista una correlación entre los valores proyectados por una organización a los empleados potenciales y los valores de éstos. Ello no se limita sólo a los valores reflejados en las publicaciones sobre contratación o las cartas de RR. HH. sino también en los valores reflejados en el marketing, la publicidad y otras informaciones de la compañía, incluyendo su presencia en los medios sociales y los comunicados de prensa. Este aspecto precisa de una alianza estratégica entre la función de RR. HH. y los profesionales de Marketing y Relaciones Públicas.

Flexibilizar el proceso de contratación no significa que los procedimientos de selección vayan a ser en absoluto menos rigurosos. No obstante, en un entorno de conocimiento, los procesos de selección deben ser aceptables para los contratados potenciales, y reflejar el cambio en el equilibrio de poder entre los trabajadores de conocimiento de alta cualificación y las organizaciones.

En un entorno de conocimiento, el proceso de selección debe usar con cuidado las normas comparativas, en particular si se basan en datos internos diseñados para conseguir 'adecuación cultural'. Ello podría excluir a los individuos más creativos e innovadores y reducir la competitividad organizativa futura y la capacidad de pensar y actuar de modo distinto. Más importante que la adecuación cultural por parte del candidato es su capacidad demostrable de ser efectivo en diferentes culturas.

La planificación de sucesión en un entorno de conocimiento tiene que ver menos con el cubrir puestos y más con planificar para alcanzar futuros requerimientos de conocimiento anticipados y predecibles. Lo cual no se hará siempre en base a personas, ya que implica integrar planes de 'retiro' de personas, sistemas y tecnología.

La retención de trabajadores del conocimiento precisa reconocer la importancia del contrato psicológico. Un importante papel de RR. HH. en un entorno de conocimiento es expresar el contrato psicológico y generar en todos los niveles, conciencia de su importancia. La retención de trabajadores del conocimiento implicará también el diseño por parte de RR. HH. de normativas y prácticas que permitan a los individuos alcanzar sus aspiraciones personales y elegir su 'estilo de vida'. Tales normativas deben ser lo suficientemente flexibles para aceptar que tales elecciones de 'estilo de vida' serán diferentes en las distintas fases de la vida de las personas y no tienen por qué reflejar necesariamente la suposición de un 'camino ascendente' de progresión de carrera tradicional.

Lista de verificación 2

1. ¿La contratación se basa en cubrir requerimientos de conocimientos y habilidades o en el llenar 'huecos de trabajo' asumiendo automáticamente que, cuando una persona se va crea una 'vacante'?

2. Sus valores organizativos ¿son atractivos para los trabajadores del conocimiento? Y los contratados potenciales ¿reciben mensajes coherentes sobre los valores de la organización?

3. La función de RR. HH. ¿está implicada en una alianza estratégica con Relaciones Públicas y Marketing?

4. Los métodos de selección ¿son evaluados para ser aceptables a trabajadores del conocimiento potenciales?

5. Sus procesos de selección y contratación ¿son promovidos por la 'burocracia' o por los requerimientos de conocimientos y habilidades de la organización?

6. Los procesos de selección ¿permiten aceptar individuos innovadores y creativos? ¿o los procesos conducen a que sean rechazados por falta de 'adecuación cultural'?

7. La planificación de sucesión ¿incorpora el retiro y despido de todas las partes componentes de la gestión del conocimiento – personas, sistemas y tecnologías de la información?

8. El contrato psicológico ¿ha sido establecido de modo explícito en su organización y ha sido comprendido por la dirección a todos los niveles?

9. Sus normativas y procedimientos de RR. HH. ¿están basados implícita o explícitamente en el modelo de carreras que siguen una progresión ascendente continua en términos de salario, status y tiempo dedicado al trabajo con poco margen de variación?

10. Sus normativas y procedimientos de RR. HH. ¿permiten a las personas establecer un balance entre elecciones de estilo de vida y cuestiones laborales, de diferentes modos y en diferentes etapas de sus vidas?

Capítulo Tres

Premiar el conocimiento

Sinopsis

En este capítulo:

a) examinaremos los enfoques de los sistemas de recompensa en un entorno de gestión del conocimiento e identificaremos los elementos clave de los premios monetarios y no monetarios que deben ser incorporados a la estrategia de recompensas;

b) examinaremos los pagos como 'premio' y los pagos como 'compensación' e identificaremos los puntos fuertes y débiles tanto de los pagos basados en rendimiento como de los basados en competencia, en un entorno de conocimiento;

c) trataremos de la importancia y señalaremos ejemplos de sistemas de reconocimiento formales e informales que formarán parte del sistema de premios no monetarios para los trabajadores del conocimiento;

d) identificaremos los desafíos al papel tradicional de RR. HH. en el diseño y gestión de los sistemas de retribución que surgirán al cambiar las jerarquías tradicionales de pago en un entorno de conocimiento.

Introducción

Los valores de una organización se ven con frecuencia más claramente en aquello que premia (e inversamente en aquello que 'castiga'). Estos reconocimientos pueden ser obvios tales como la paga u otros beneficios financieros o pueden tomar la forma de oportunidades en formación y promoción, apreciación (tal como un despacho más amplio o la proverbial llave al aseo de los ejecutivos) o pueden ser formas más simples de reconocimiento tal como un "gracias" por un trabajo bien hecho.

Los reconocimientos refuerzan y transmiten la cultura al proporcionar evidencias tangibles de qué es lo que la organización valora o no. Por ejemplo, un sistema de incrementos de salario donde las personas progresan en base a incrementos anuales automáticos puede indicar que se valoran el tiempo de servicio y la experiencia. El uso de evaluaciones de trabajo para determinar los salarios puede indicar un deseo de ser honesto y equitativo. Por ello, los cambios en el sistema de recompensas, tales como introducir un nuevo sistema de pagas, se relaciona estrechamente con cambios en la cultura.

En un entorno de conocimiento, el papel de RR. HH. es asegurar que los valores transmitidos y reforzados por las recompensas (monetarias o no) son consistentes con el fomento de la adquisición, uso y compartición de la información. Ello requiere una comprensión sofisticada de la naturaleza de las recompensas y de cómo éstas funcionan dentro de la organización. Y también puede requerir cambios en las formas de reconocimiento y la generación de formas nuevas e innovadoras de premiar, en especial, de formas no monetarias. En un entorno de conocimiento, el papel de RR. HH. ganará credibilidad si ofrece soluciones que tengan un impacto mensurable en la adquisición, uso y compartición de conocimientos, y que equilibre los aspectos monetarios y no monetarios.

Un enfoque sofisticado de las recompensas incluirá tanto las más tangibles, como el salario, y las menos tangibles, como los elogios o el reconocimiento público por un trabajo bien hecho. Y también contemplará el elemento tiempo en las recompensas, y la necesidad de combinar el corto y el largo plazo. El primero apela a la necesidad de gratificación inmediata y al sentimiento de sentirse valorado. El segundo apunta al enfoque de planificación y

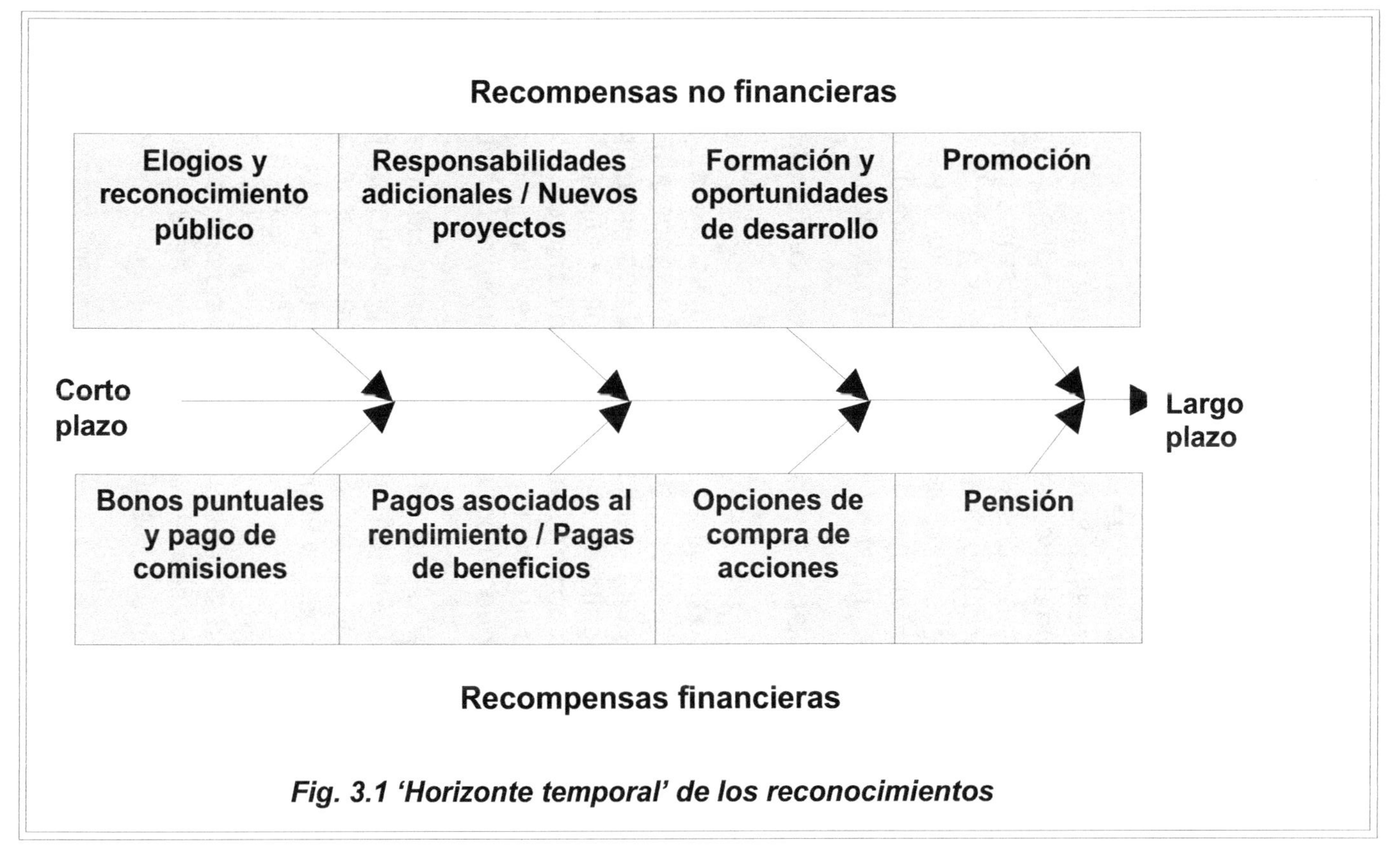

Fig. 3.1 'Horizonte temporal' de los reconocimientos

perspectivas a largo plazo característicos de muchos trabajadores del conocimiento. En la Fig. 3.1 se muestran ejemplos típicos de reconocimiento que operan en diferentes 'horizontes temporales'.

La integración de estas variadas formas de reconocimiento crea un conjunto de valores coherente y demostrable, que asocia el modo en que las personas son gestionadas con su remuneración.

Si no se combinan estos modos de reconocimiento, por ejemplo, si se refuerza el énfasis en las estructuras salariales en detrimento del modo de tratar y gestionar a las personas, es improbable que se logren los niveles deseables de motivación y compromiso en un entorno de conocimiento. Igualmente, enfatizar los reconocimientos a corto plazo (p.ej. bonos puntuales) en detrimento de los aspectos a largo plazo (p.ej. opciones de compra de acciones) impedirá la adhesión de los trabajadores del conocimiento para con la organización, y fomentará la pérdida de habilidades y trabajadores clave. En este capítulo abordaremos los reconocimientos monetarios y no monetarios.

Reconocimiento por medio del sueldo

En un modelo de 'economía industrial', el sueldo es considerado frecuentemente como una 'compensación'. Puede ser una compensación por las 'molestias' de ir a trabajar y ejecutar una actividad, o una compensación por aspectos particulares del trabajo, tales como una prima por realizar "trabajo sucio", que solía ser común en algunos trabajos manuales. La naturaleza compensatoria de tales sistemas de pago se refleja también en otras primas, tales como 'prima por trabajo a turnos', 'prima por trabajos de horario irregular', 'prima por trabajos en horarios intempestivos' e incluso 'primas por desgaste de zapatos' – común en el pasado entre los recaudadores de rentas que supuestamente debían caminar por las propiedades de los municipios cobrando las rentas.

Muchas primas, reflejando el matiz 'compensatorio' de las mismas, existen aún en algunas organizaciones – una de las más extendidas en el Reino Unido sea probablemente el llamado 'London Weighting' pensada para compensar los costes adicionales que supone trabajar en la metrópoli.

El modo en que sea visto el salario supone una diferencia cultural e incluso factual. En tanto el salario es visto como compensación, la suposición que subyace es que el trabajo no es algo que la gente quiere realizar voluntariamente, y por lo tanto deben ser compensados por las 'molestias' de realizarlo. Aunque sin duda esto pueda ser cierto en algunos casos, no es tan cierto en una economía de conocimiento y en el caso de trabajadores del conocimiento. El trabajo basado en conocimiento proporciona oportunidades de logros y resolución de problemas que puede verse como una actividad grata en sí misma. Además, en una economía de conocimiento, el foco tiende a ser el uso de la paga para premiar lo realizado más que como compensación por hacerlo.

La mayoría de sistemas de pago de las organizaciones encajan en el continuo ilustrado en la Fig. 3.2.

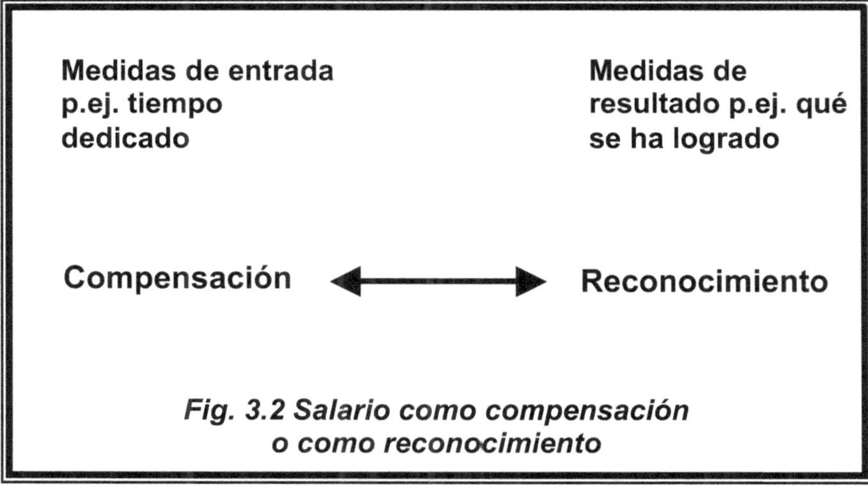

Fig. 3.2 Salario como compensación
o como reconocimiento

Sus sistemas de pagos están basados en parte en compensaciones y en parte en reconocimiento. Cuando el pago está basado en compensación, las medidas de rendimiento suelen basarse en medidas de 'iniciales' tales como el número de horas trabajadas. Cuando el pago se ve como reconocimiento, las medidas de rendimiento tienden a basarse en medidas resultantes, tales como proyectos ejecutados o resultados conseguidos. Ejemplos típicos de casos extremos serían trabajos pagados exclusivamente por comisiones de ventas (sólo reconocimiento) y trabajos a tiempo parcial pagados por horas (compensación).

Si en su organización no está claro si las pagas se ven como reconocimiento o como compensación, averiguar cómo se evalúa el rendimiento – medidas iniciales o de resultados – será una buena guía de las suposiciones subyacentes, incluso si no están declaradas explícitamente.

Uso de las retribuciones para mejorar la gestión del conocimiento

Si el Sistema de retribuciones pretende fomentar la gestión eficaz del conocimiento, debe fomentar la obtención, compartición y uso de la información. Usar las retribuciones para dirigir los comportamientos en esa dirección conduce de modo natural al fin marcado como 'reconocimiento' en el continuo de la Fig. 3.2 y puede también conducir a la implantación de retribuciones asociadas al rendimiento.

Sin embargo, cualquier propuesta de adoptar retribuciones basadas en el rendimiento debe abordarse con cautela si no queremos poner en entredicho los valores de cooperación y compartición implícitos en la gestión del conocimiento. Por ejemplo, retribuir el mérito individual, que recompensa a las personas en base a sus logros individuales, puede fácilmente crear una situación donde parezca mejor acaparar información y experiencia antes que compartirla.

Retribución asociada al rendimiento

Al adoptar un Sistema de retribuciones basado en el rendimiento, los puntos clave a considerar son:

*1). ¿**Cuáles son los objetivos** de adoptar retribuciones basadas en el rendimiento?*

*2). ¿**Cómo se medirá el logro** de estos objetivos?*

*3). ¿**Cuáles son los conocimientos** que se precisan para gestionar un esquema de retribuciones asociado al rendimiento?*

*4). ¿**Disponemos de dichos conocimientos?** En caso negativo, ¿en qué escala de tiempo podríamos adquirirlos?*

*5). ¿**En qué modo los valores** asociados al enfoque de retribuciones asociadas al rendimiento impactan en los valores existentes en la organización?*

*6). ¿**Qué comportamientos** de nuestro personal se verán reforzados al implantar retribuciones basadas en el rendimiento? ¿Son los comportamientos que queremos en nuestro personal?*

*7). ¿**Cómo encajará la retribución basada en el rendimiento** en nuestros otros enfoques de gestión del conocimiento?*

*8). ¿**Qué personal** será cubierto por el sistema?*

*9). ¿**Qué niveles** de recompensa financiera proporcionará el sistema y cómo será financiado?*

El establecimiento de la estructura necesaria precisará también:

a) determinar y consultar sobre una declaración acordada para introducir la retribución basada en el rendimiento que cuente con la aprobación de la alta dirección;

b) establecer guías para delegar en la dirección la responsabilidad y seguimiento de la operación del sistema;

c) formar a los gestores en el establecimiento de objetivos y en la evaluación y supervisión del rendimiento;

d) identificar las aptitudes esenciales de la organización que serán reforzadas por un sistema de retribuciones asociado al rendimiento;

e) identificar los objetivos en conjunto y los indicadores clave de rendimiento para todas las áreas de la organización;

f) introducir mecanismos de retroalimentación para evaluar el rendimiento a nivel departamental y corporativo.

La introducción de las retribuciones basadas en rendimiento precisará también ir acompañada de un ejercicio de consultoría y comunicaciones.

Mini-caso de estudio: Una compañía de contratación general utilizaba un esquema de beneficios compartidos para el personal empleado en sus contratos. Cada esquema de beneficios compartidos estaba relacionado con la rentabilidad de cada contrato individual y se sumaba a otros acuerdos de incentivos normales.

Los esquemas funcionaban bien para el personal empleado en contratos (personal de construcción de edificios y sus jefes). Sin embargo, la firma estaba afectada de escasa moral y baja productividad entre sus empleados de soporte de oficinas, lo que empezaba a tener un impacto negativo en el rendimiento del negocio, en particular en las áreas de facturación y costes laborales. También era evidente que las relaciones entre el personal de soporte de oficinas y el de contratación no eran muy buenas.

Como parte de la investigación de los problemas, el personal de soporte de oficinas declaró sentirse minusvalorado, ya que no se les incluía en ningún acuerdo de participación en beneficios. IOgualmente, no se sentían implicados en éxito de varios contratos. La compañía no había incluido al personal de soporte de oficinas en los acuerdos de participación en beneficios ya que proporcionaban soporte administrativo a un conjunto de contratos diferentes y los acuerdos de participación en beneficios estaban basados en cada contrato. La compañía creía asimismo que el personal de soporte de oficinas disfrutaba de mayor seguridad en el empleo que el personal empleado en contratos particulares y que constituían el 'nucleo' de la plantilla. También muchos de los altos directivos percibían que su prioridad era asegurar moral y productividad elevadas entre el personal empleado en los contratos. Veían la rentabilidad de los contratos como la esencia del negocio y experimentaron cierta sorpresa al saber que el personal de soporte de oficinas no veía las cosas del mismo modo.

La investigación de los problemas experimentados desafiaba estas suposiciones y actitudes. Un resultado fue que se estableció un acuerdo de reparto de beneficios para el personal de soporte de oficinas, asociado al rendimiento global de la compañía. El nuevo esquema tuvo un éxito notable al mejorar la moral y la productividad entre el personal de soporte de oficinas. Y también condujo a una mejora de relaciones entre el personal de soporte de oficinas y el de contratación, que fue visto como un incentivo al desarrollo de nuevas ideas y formas mejores de hacer las cosas.

Cuando el sueldo es usado como recompense destinada a influir en el comportamiento de la genta en sus puestos de trabajo, es con frecuencia parte de un sistema de gestión del rendimiento. Un sistema de gestión del rendimiento proporciona un marco para la gestión de las personas dentro de la organización. En general, incluye los siguientes elementos:

> *a) especificación de objetivos ligados a un plan estratégico o de negocio a nivel organizativo, departamental e individual;*

> *b) amplias comunicaciones internas;*

> *c) asociación de incentivos con logros de resultados específicos;*

> *d) sistemas de retroalimentación individuales y de equipo – para los individuos (p.ej. apreciación) y la organización (p.ej. encuestas de actitud, atención de la dirección y grupos de consulta);*

> *e) planes de formación individuales y corporativos ligados a objetivos.*

Reconocimiento y gratificación de la gestión del conocimiento

Recompensar la gestión del conocimiento por medio del sistema de pagos formal requiere flexibilidad para otorgar gratificaciones al personal que demuestre una efectiva adquisición, aplicación y compartición de la información. Si el procedimiento para lograrlo es algún modo de paga asociada al rendimiento, precisará evaluaciones de estos logros con respecto a los objetivos de la gestión del conocimiento, tales como:

> *a) adquisición de nuevas habilidades y conocimientos*

b) asumir nuevos proyectos o nuevas responsabilidades

c) asumir actividades de desarrollo (tanto dentro como fuera del trabajo)

d) contribuir al trabajo en equipo

e) contribuir al desarrollo de otro empleado (p.ej. tutelaje o supervisión)

f) generar ideas sobre mejoras (en el área de trabajo propia o general).

Estos objetivos de gestión del conocimiento pueden asociarse con "áreas de competencia" definidas de modo general con el propósito de evaluar el rendimiento.

Pago basado en las aptitudes

Un sistema basado en aptitudes implica poner la atención en aquello que los individuos son capaces y han demostrado que pueden hacer. Las áreas de competencia pueden ser de naturaleza genérica; adaptadas a una organización particular; ligadas a requisitos relativos al trabajo. Usualmente se expresan con una breve descripción destinada a mostrar qué significa ser competente en esa área, en términos de acciones típicas o "comportamientos".

Los sistemas basados en las aptitudes ofrecen la ventaja de centrarse en habilidades y capacidades que la organización quiere fomentar. Éstas pueden basarse en aquello que es beneficioso para el éxito de una organización particular. La evaluación de las áreas de competencia se puede combinar también con la valoración de los objetivos relacionados con el puesto de trabajo. El énfasis en el 'comportamiento' –lo que la gente hace realmente– proporcionará un alto grado de validez perceptible y aceptación tanto de los que son evaluados como de los evaluadores. Se pueden comprar en fuentes externas marcos de referencia no especializados de algunas aptitudes, tales como dirección o ventas. Sin embargo, muchas organizaciones consideran preferible desarrollar sus propias aptitudes internamente. Si esto lo realizan conjuntamente directivos y personal, se generará un sentimiento de propiedad y un grado mayor de relevancia. Las áreas de competencia pueden además describirse usando la terminología de la organización.

Puede surgir un problema con los pagos basados en aptitudes si se usan como modelo los esquemas de competencia basados en el desarrollo. La complejidad y burocracia de los modelos basados en desarrollo, por ejemplo en desarrollo de dirección y NVQs(1) pueden no ser de gran ayuda en el contexto de un sistema de pagos. Igualmente, la clasificación de personas en 'competentes' o 'no competentes aun' en estos modelos basados en el desarrollo no encaja fácilmente con la percepción de muchos directivos de que existen 'grados de competencia' por muy impreciso que parezca tal concepto. En un sistema de pagos basado en la competencia, el foco debe ponerse en demostrar con actos de competencia en áreas relevantes para la organización (y relevantes para la gestión del conocimiento). Centrarse en actos evita el peligro inherente a cualquier enfoque reduccionista de hacer las cosas demasiado complicadas y generar niveles de detalle inaplicables buscando la 'objetividad'.

Una vez que el rendimiento se ha puntuado usando una evaluación basada en la competencia, puede usarse para determinar la paga asociada al rendimiento, si se precisa, o simplemente, para proporcionar información de resultados.

(1) NVQ National Vocational Qualifications (Nivel de Cualificación Profesional). Sistema de evaluación profesional utilizado en el Reino Unido para clasificar la competencia profesional de candidatos en diferentes puestos de trabajo. (N. del T.)

Vías de mejora salarial y gestión del conocimiento

Tanto si se adoptan o no las pagas relacionadas con el rendimiento como medio de fomentar una gestión del conocimiento eficaz, hay que considerar algunas reflexiones sobre los efectos de las vías tradicionales de mejora salarial en una organización basada en el conocimiento.

En el modelo tradicional, el incremento de salario está normalmente ligado al progreso ascendente en la escala jerárquica. Ello usualmente significa que los profesionales aptos deben convertirse en directivos para progresar en términos financieros.

En una cultura fuertemente basada en el conocimiento, que emplea individuos altamente capacitados, lo anterior puede ser contraproducente y conducir a escalas salariales distorsionadas. Es contraproducente que un un trabajador del conocimiento tenga que abandonar su área de experiencia para ganar más, y puede la escala salarial puede resultar distorsionada si existe la creencia subyacente de que los directivos deben ganar más que aquellos a los que dirigen, con independencia de los distintos valores de mercado que se atribuyan a las habilidades y conocimientos aplicados o la contribución al resultado final de las organizaciones.

Estas cuestiones, así como algunas prácticas tales como la desjerarquización, han llevado a algunas organizaciones a apartarse del enfoque que asocia progresión salarial con progresión a través de la jerarquía tradicional. Los enfoques sustitutivos incluyen múltiples caminos de promoción (el más simple sería establecer dos escalas profesionales, ambas conduciendo al mismo nivel re retribución financiera, pero una para puestos directivos y otra para puestos de técnicos y especialistas) y, en organizaciones más pequeñas, abandonar por completo la idea de niveles salariales, (sean estos escalas, grados o tramos salariales).

La rotura de la progresión salarial tradicional asociada a la jerarquía presenta desafíos particulares al personal de RR. HH. con inquietudes profesionales sobre sus prácticas administrativas, la equidad y el marco legal laboral y la legislación sobre igualdad de oportunidades. Un entorno de conocimiento puede también plantear cuestiones sobre los sistemas de evaluación laboral donde 'conocimientos y grado de experiencia' es generalmente uno entre muchos factores y el peso que se le otorga podría no reflejar su crítica importancia. Sin embargo, en un entorno de conocimiento donde diferentes empleados aportan valores diferentes a la organización, donde los niveles de competencia son elevados y la experiencia difícil de reemplazar, el papel de RR. HH. será responder con flexibilidad, lo cual conlleva cuestionarse presunciones profesionales tradicionales.

En algunos casos, las difíciles cuestiones planteadas por estos problemas han sido soslayados introduciendo en las organizaciones trabajadores del conocimiento de alto valor de Mercado como consultores o contratados externos pagados fuera de las escalas salariales normales. Aunque ello evita el problema de trastocar los acuerdos salariales internos, no siempre es deseable tener las aptitudes y conocimientos clave alojados fuera de la organización con la subsecuente falta de compromiso para la organización y sus fines. Ni tampoco es deseable forzar de hecho a los trabajadores del conocimiento más valiosos a dirigir sus carreras hacia la consultoría y la contratación externa, simplemente porque el sistema salarial de su empleador carece de flexibilidad para compensarles y retenerles. La Fig. 3.3 ayudará a evaluar su actual sistema salarial.

Evaluacíon de su sistema salarial actual

- **Su sistema salarial ¿premia o compensa?**

- **¿Fomenta la adquisición, uso y compartición de información?**

- **¿Hay una ligazón entre paga y objetivos de compañía?**

- **¿Es flexible?**

- **¿Es fácil de administrar?**

- **¿Contiene anomalías históricas?**

- **¿Es acorde con la legislación?**

- **¿Refleja prácticas de igualdad de oportunidades?**

- **¿Están justificadas las diferencias en base a la contribución?**

- **¿Permite la progresión por más de un camino?**

Fig. 3.3 Lista de verificaciones para valorar su sistema salarial

Gestionar para premiar

Dirigir a las personas de modo que se sientan valoradas y premiadas es con frecuencia tan difícil como introducir una nueva estructura salarial. Ello requiere preocuparse por la persona en su conjunto, ser consciente del impacto de las propias acciones y comprender las motivaciones de los demás, colectiva e individualmente.

Algunos problemas típicos del reconocimiento a los trabajadores del conocimiento, que se atribuyen frecuentemente a fallos de la dirección, más que a fallos del sistema son:

a) no individualizar las recompensas;

b) calificar siempre los elogios con un 'pero…' (fijarse en los problemas, no en los logros);

c) dar una compensación financiera por el trabajo realizado pero no dar el reconocimiento;

d) no dar reconocimiento a un logro importante pero darlo a un logro menos importante;

e) no mostrar interés o comprensión por el trabajo realizado.

Superar estos problemas requerirá:

a) sensibilidad para con las necesidades del personal;

b) otorgar reconocimiento tanto formal como informalmente;

c) valorar las contribuciones de los individuos (tanto verbalmente como con acciones);

d) saber lo que las personas están haciendo, qué problemas se les plantean y demostrar ese conocimiento;

e) personalizar el reconocimiento;

f) buscar activamente reacciones a las propias acciones y su impacto;

g) tratar a las personas con la misma cortesía independientemente de su nivel en la organización;

h) aceptar motivaciones diferentes (y no sobreestimar el propio interés y subestimar la satisfacción en el trabajo y la profesionalidad como motivadores para los trabajadores del conocimiento);

i) aceptar que lo que puede parecer un reconocimiento para un directivo, puede percibirse de modo muy distinto para otros empleados.

La distinta percepción de los que asignan las recompensas y los que las reciben hacen que sea importante establecer mecanismos de retroalimentación y consultoría. Por ello sorprende qué pocas veces las organizaciones y los departamentos de RR. HH. en dichas organizaciones verifican con el personal el valor motivador de las recompensas o involucran a los destinados a recibirlas en el diseño de los sistemas de recompensas. Este proceso se ilustra en la Fig. 3.4.

Mini-caso de estudio: El rector de un instituto de educación superior pensó en introducir un sistema de invitaciones al personal académico para reunirse con él a tomar el té en su oficina y que ello podría tener un efecto positivo en la motivación y moral de los enseñantes. Durante varios meses hizo lo siguiente: Cada semana, pedía a sus jefes de departamento que le sugirieran algunos nombres junto con anotaciones sobre las actividades de éstos.

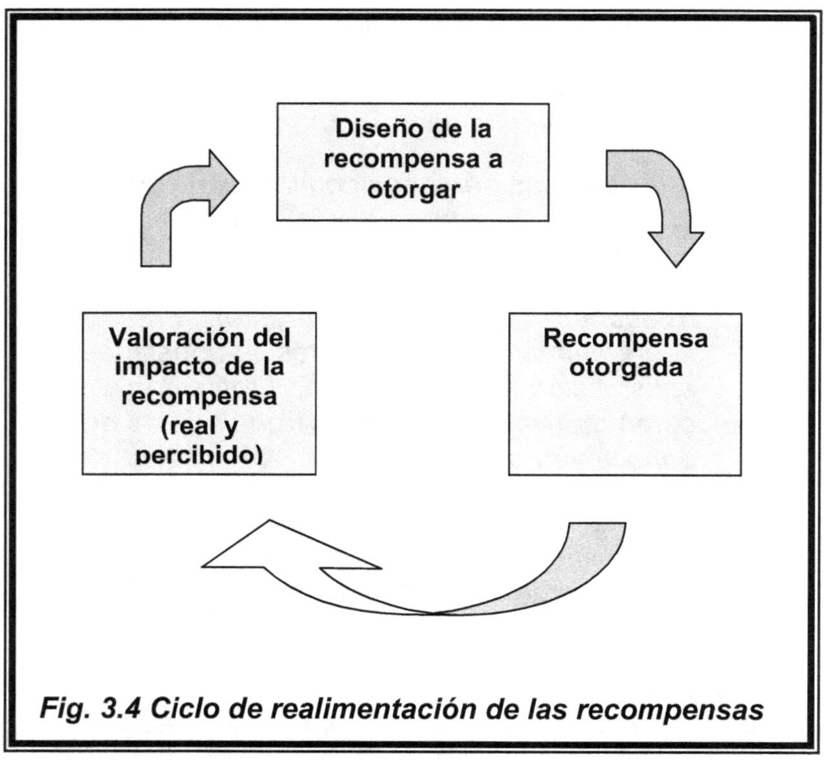

Fig. 3.4 Ciclo de realimentación de las recompensas

El rector escogía entonces un par de nombres e indicaba a su secretario que escribiera notas a los individuos escogidos invitándoles a su oficina. Cuando éstos llegaban, el rector les ofrecía té y pastas e iniciaba una conversación general sobre el instituto y el trabajo de los asistentes. El rector notó que éstos no entraban en la conversación y parecían sentirse incómodos. Tras algunos meses trató el asunto con la alta dirección. Se hizo patente que el personal invitado a la oficina del rector no veían la invitación como una recompensa o un evento motivador: más bien sospechaban y asumían que había motivos ocultos, a pesar de que sus jefes lo negasen ya que no veían al rector de un año a otro excepto en ocasiones formales. El té y las pastas fueron discontinuados poco después, para alivio de todos los afectados.

El reconocimiento como premio

Usar el reconocimiento como premio es visto por los trabajadores del conocimiento como uno de los motivadores más potentes, en especial si su lealtad está más dirigida a su área profesional que a la organización. Aceptando este punto, sorprende cuántos trabajadores del conocimiento sienten que no reciben reconocimiento por su trabajo. A veces el problema reside en la naturaleza jerárquica y competitiva de algunas organizaciones. En tales culturas, los directivos pueden ser reacios a otorgar reconocimiento a sus subordinados si ello va en detrimento de su propio status o de la percepción de sus logros. Cuando se desarrolla una cultura así, usualmente está profundamente arraigada y ¡es fomentada desde arriba! Sin embargo, el negarse a otorgar reconocimiento es, con más frecuencia un comportamiento inadvertido más que intencionado. Fomentar el reconocimiento en los procesos organizativos incluye cuestiones como:

a) asegurarse de que los informes internos a todos los niveles se hacen siempre en nombre del autor principal, más que en el del director inmediato o superior, y de que los demás participantes que han contribuido sean también reconocidos;

b) involucrar a todo el personal que sea posible en las presentaciones de proyectos;

c) alentar al personal para que escriba en publicaciones profesionales o dé conferencias en reuniones profesionales en áreas de su trabajo;

d) permitir la comunicación directa entre distintos niveles organizativos y distintos departamentos – lo que se facilita mucho gracias a las comunicaciones electrónicas y las redes sociales;

e) identificar y publicar los nombres de los empleados destacados en las distintas áreas de trabajo.

Mini-caso de estudio: Seis meses después de un programa de cambios relevantes, un alto ejecutivo municipal fue requerido para hacer una presentación ante los concejales sobre la marcha de los cambios y la adaptación a una nueva estructura de gestión. En vez de realizar la presentación completa él mismo, invitó a varios gestores a dar presentaciones cortas sobre sus puntos de vista de los cambios. A pesar de que no todo lo expuesto fue positivo, tuvo mayor credibilidad ante los concejales y fue apreciado por los gestores que se sintieron valorados al permitírseles contribuir.

Esquemas formales de reconocimiento

'Esquemas de reconocimiento' es una frase genérica referente al conjunto de iniciativas destinadas a mejorar la moral de conjunto y el compromiso individual de los empleados dentro de una organización. Pueden usarse para reforzar y promover la innovación y los comportamientos deseables en los puestos de trabajo, y para fomentar una imagen corporativa positiva, la cual a su vez puede mejorar el rendimiento individual y de equipo y la gestión eficaz del conocimiento. Sin embargo, si estas iniciativas no concuerdan con la cultura de la organización y están mal gestionadas o mal diseñadas, los efectos pueden ser perjudiciales. Los siguientes son esquemas de reconocimiento formal típicos:

*1). **Esquemas de sugerencias** – aunque a veces pueden desprestigiarse, pueden ser eficaces si se implantan y gestionan cuidadosamente para asegurar un grado de compromiso e interés continuos. Un ejemplo típico de esquema de sugerencias exitoso es el de una organización que estableció un esquema que permitía al personal sugerir mejoras corporativas y departamentales. La compensación en metálico era modesta. Mensualmente se estudiaban todas las* *sugerencias en una mesa redonda compuesta por personal del mismo departamento donde se generaban las sugerencias. Las ideas que parecían útiles o que mostraban seria reflexión recibían una pequeña compensación y se pasaban a un directivo del área relevante. Se respondía a los individuos si su sugerencia sería o no implantada, explicando los motivos en caso negativo. La respuesta, la pequeña recompensa basada en la emisión de la sugerencia más que en su implantación y la implicación del personal en la valoración de las ideas, todo ello contribuyó a la vitalidad del esquema. El esquema funcionó porque:*

- la iniciativa era simple

- contaba con el compromiso de la dirección

- se acordó con claridad un presupuesto

- estaba ligado claramente al éxito de la organización

- se efectuaba con regularidad: mensualmente

- las recompensas se basaban en la emisión de ideas bien meditadas más que en su implantación de modo que todos tenían ocasión de 'ganar'

- las ideas premiadas se evaluaban en una mesa redonda compuesta por el propio personal, incrementando su sentido de participación en el esquema y asegurando que fuera percibido como honesto y equitativo.

2). Formación para el desarrollo y créditos de formación *– La formación dirigida hacia las necesidades de desarrollo más que a las necesidades inmediatas del trabajo pueden alentar a los individuos a adquirir nuevos conocimientos y experiencias y a hacerse cargo de su propio aprendizaje. Un esquema en funcionamiento en una organización permitía a los empleados solicitar becas cada año para formación en* *desarrollo en áreas de su elección. Se puso el énfasis en la contribución (financiera o en tiempo) de los individuos así como de la organización y en la relación entre el desarrollo y la futura carrera de los individuos, tanto si esta tenía lugar en la organización como fuera de ella.*

***3). Premios anuales** – Los esquemas de premios internos, si tienen credibilidad por el soporte de la alta dirección, pueden ser un incentive positivo para una gestión eficaz del conocimiento. Un ejemplo exitoso de esquema de premios es una organización que instituyó un premio anual a la formación. Se pidió a todos los directivos que nominasen a miembros del personal que hubieran llevado a cabo formación y hubieran sido particularmente exitosos en la aplicación de sus nuevos conocimientos y habilidades en su puesto de trabajo. Las nominaciones eran juzgadas entonces por el director ejecutivo de RR. HH. Todos los nominados y otro personal eran invitados a un almuerzo en un lugar de prestigio. Se animaba a que los nominados fueran acompañados de familiares. Se leían en público todas las nominaciones y los nominados recibían un premio en metálico y un certificado. El ganador recibía un premio algo superior y se le otorgaba un trofeo. Tras la ceremonia, el nombre del ganador se grababa en el trofeo y se exponía durante un año junto con su fotografía durante la recepción. En este ejemplo la implicación personal y compromiso del director ejecutivo otorgaba credibilidad al evento y aseguraba la presencia de la alta dirección.*

***4). Apoyo a la implicación profesional** – Una forma sencilla de valorar la implicación profesional y el desarrollo continuado es por medio del pago de cuotas de subscripciones. Un ejemplo de apoyo a la compartición de conocimientos por medio de asociaciones profesionales es el de una organización que no solamente pagaba las cuotas a subscripciones profesionales sino que también animaba al personal a* *contribuir en las revistas profesionales pagando el equivalente a tasas comerciales por los artículos publicados (si, como suele ser habitual, no los pagaba la revista). La misma organización concedía además tiempo de trabajo para la asistencia a reuniones de asociaciones profesionales y alentaba al personal más experto a que ejercieran un papel activo en la organización de comités para sus respectivos grupos profesionales. El director ejecutivo consideraba la implicación en grupos profesionales un ingrediente esencial para mantener al día los conocimientos de profesionales y especialistas dentro de la organización.*

5). Lazos con organizaciones externas *– Se pueden fomentar nuevas ideas y compartición de experiencias alentando al personal a involucrarse en organizaciones externas, por ejemplo dando permisos retribuidos para profesorado o fomentando el voluntariado. Como ejemplo, en una organización los objetivos de rendimiento de los directivos (en un sistema de paga asociada al rendimiento) incluían desarrollar un proyecto a lo largo del año con profesores y alumnos de una escuela local*

6). Reconocimiento de méritos flexible *– Muchos esquemas de reconocimiento de méritos se basan en pagos en metálico. Sin embargo, muchos empleados, cuando se les pregunta, preferirían algo más interesante, con frecuencia relacionado con elecciones de estilo de vida. Por ejemplo, cuando se preguntó a un grupo de trabajadores del conocimiento, respondieron que preferirían poder escoger entre un conjunto que incluyese ítems tales como unas breves vacaciones para dos, un puente, una semana en un balneario o una subscripción a un gimnasio. La lista era variada, pero la idea común era el énfasis en opciones de experiencias y estilos de vida más que dinero. Para este personal, una organización que da siempre dinero como recompense al mérito se ve como ese familiar que siempre da dinero en efectivo en vez* *de regalos en Navidad o en los cumpleaños – aunque el dinero es apreciado, la frase 'eres el más indicado para escoger lo que quieres' se interpreta con frecuencia como 'no me importas lo suficiente para gastar tiempo o energía en escoger un regalo para ti'. Y también es más fácil y más aceptable publicitar internamente premios no monetarios*

Personalizar el reconocimiento

Gestionar de modo que se premie a los demás no es siempre complicado o difícil de lograr. A veces todo lo que se necesita es pensar lo suficiente para tratar a la gente como individuos. En esta área, muchos departamentos de RR. HH. que trabajan en un entorno de conocimiento, pierden credibilidad por basarse en exceso en cartas estandarizadas y por una aparente falta de aptitud para personalizar los documentos generados por ordenador.

Mini-caso de estudio: Un equipo de especialistas altamente cualificados fueron reunidos para ejecutar un proyecto importante. Los miembros del equipo debían realizar el proyecto mientras continuaban con sus obligaciones normales profesionales y de gestión. El proyecto duró aproximadamente 18 meses exigiendo mucho trabajo adicional con un alto nivel de exigencia. El proyecto tuvo un gran éxito. Después de que se hubo firmado, el director ejecutivo decidió mostrar la apreciación de la organización asignando un bono en una única paga a los miembros del equipo. Esto resultaba excepcional en un entorno donde normalmente no se otorgaban tales pagas. El director ejecutivo quería entregar personalmente los cheques de modo que pudiese también dar las gracias a los miembros del equipo por sus esfuerzos. Los invitó individualmente a su despacho. Les agradeció su trabajo en el proyecto y dio a cada uno, por turno, una carta de agradecimiento y un cheque. Aunque los miembros del equipo los habían recibido a título individual, comentaron entre ellos su reunión con el director ejecutivo. Cuando compararon las cartas que habían recibido acompañando al cheque, vieron que eran idénticas, con sólo los nombres cambiados. Esto fue citado posteriormente como indicativo de falta de apreciación por su trabajo en el proyecto. El valor del pago, y las acciones del director ejecutivo, no habían servido como gesto de motivación.

Al otorgar reconocimientos, las acciones individuales de los directivos son tan importantes como los procedimientos y procesos organizativos.

Mini-caso de estudio: Un directivo, debido a las normas de la compañía, no podía otorgar a su personal premios en forma de pagos puntuales por su rendimiento. En lugar de ello, reconocía un buen rendimiento escribiendo una carta individual al miembro del personal, reconociendo lo que fuera que el individuo hubiera realizado, y la enviaba a la dirección de su casa por correo ordinario (no por correo electrónico). El personal que recibió estas cartas mencionó esta actitud como altamente motivadora.

En el capítulo 5 analizaremos con más detalle los estilos de dirección en un entorno de conocimiento.

Resumen

En un entorno de gestión del conocimiento, el sistema de reconocimientos debe reforzar la adquisición, uso y compartición de la información. Para ello necesita incorporar elementos retributivos y no retributivos y debe desarrollarse consultando con aquellos a los que se pretende reconocer.

El elemento monetario del reconocimiento debe diseñarse con cuidado si debe ser consistente con la promoción eficaz de la gestión de conocimiento – en especial si la preferencia organizativa es un enfoque relativo al rendimiento. Los requisitos para retener a los trabajadores del conocimiento en sus áreas de experiencia puede presentar desafíos a las tradicionales 'jerarquías salariales' y puede requerir desarrollar rutas diferentes en la progresión salarial que no impliquen que la gente deba abandonar sus áreas de experiencia y convertirse en 'directivos'.

El sistema de compensaciones debe aceptar que los diferentes tipos de compensación tienen diferentes horizontes temporales, por ejemplo la compensación inmediata por medio de bonos, o la compensación a largo plazo por medio de opciones de compra de acciones o pensiones, y esto debe tenerse en cuenta a la hora de diseñar el sistema de compensaciones. Lo más seguro es que, en un entorno de conocimiento, se precise una mezcla de compensaciones a corto y a largo plazo. Esta combinación proporcionará impacto y satisfacción inmediata a los trabajadores del conocimiento, pero también proporcionará un compromiso a largo plazo para con la organización y cumplirá los requerimientos a largo plazo de los trabajadores del conocimiento.

Diseñar los elementos no retributivos del sistema de compensaciones requerirá revisar cómo es gestionada la gente en el día a día, y también desarrollar esquemas formales e informales para el reconocimiento de las ideas y contribuciones de las personas.

Lista de verificación 3

1. Su sistema salarial ¿fomenta la adquisición, uso y compartición de información?

2. Su sistema de reconocimientos ¿incluye el elemento tiempo en las compensaciones?

3. ¿Consulta con regularidad con aquellos a los que recompensa?

4. ¿Engloba el 'reconocimiento' en los procesos organizativos?

5. Su sistema salarial ¿premia más que compensa?

6. Su sistema de reconocimientos ¿incluye la evaluación de logros tales como la adquisición de nuevas habilidades y conocimientos, la contribución al trabajo en equipo, el desarrollo de los demás?

7. ¿Tiene un sistema de compensación flexible?

8. ¿Se ha asegurado de que las diferencias salariales dentro del personal son justificables en base a la contribución?

9. ¿Premia la adquisición, uso y compartición de información por métodos no monetarios?

10. Los trabajadores del conocimiento ¿pueden progresar en su estructura salarial sin tener que pasar a la dirección?

> *"Al otorgar reconocimientos, las acciones individuales de los directivos son tan importantes como los procedimientos y procesos organizativos."*

Capítulo Cuatro

Desarrollo del conocimiento

Sinopsis

En este capítulo trataremos sobre el papel de la formación y el desarrollo en un entorno de conocimiento. Ello incluirá:

> *a) los puntos clave para crear una estrategia de formación y desarrollo para un entorno de conocimiento;*

> *b) tareas esenciales de formación y desarrollo en la gestión del conocimiento;*

> *c) cómo desarrollar directivos que promuevan innovación y creatividad;*

> *d) cómo dotar al personal de las habilidades para que gestionen su propio aprendizaje;*

> *e) actividades de entrenamiento prácticas sobre las habilidades de uso eficiente de la información y de generación de nuevas ideas;*

> *f) el papel del entrenamiento en el desarrollo y uso de sistemas de información;*

> *g) el papel del entrenamiento en la creación de trabajo en equipo eficaz y modelos de puestos de trabajo cooperativos;*

> *h) componentes clave de un desarrollo profesional continuo y eficaz así como un programa de actualización.*

Introducción

La relación más obvia entre gestión del conocimiento y RR. HH. es en el campo de formación y desarrollo. Formación y desarrollo es, después de todo, el área de RR. HH. más obviamente interesada en lo que la gente sabe y cómo usa lo que sabe. Es también el área de RR.HH. que posee una metodología probada para alentar a las personas a que intercambien ideas libremente, trabajen de modo cooperativo y piense de modo innovador y creativo.

Para la función de RR. HH. parte de su reto en un entorno de conocimiento va a ser incorporar esta metodología en flujo y reflujo de la vida de la organización — dotar a gente de las habilidades para gestionar su propia formación y equipar a los directivos para que puedan recrear el entorno de aprendizaje de las aulas de formación en los puestos de trabajo. Ello requiere una visión estratégica de la formación y el desarrollo que va más allá de consideraciones operativas de acciones de formación específicas y se concentra en los requerimientos de un entorno de conocimiento.

Estrategia de formación y desarrollo

En la creación de cualquier estrategia de formación hay algunas etapas claras. Se muestran en la Fig. 4.1.

Para el análisis de la situación actual, la cuestión central es:

¿Hasta qué punto la formación y el desarrollo dentro de la organización respaldan la adquisición, uso y compartición del conocimiento?

La información para responder a esta cuestión vendrá de:

a) miembros del equipo de RR. HH.

b) directivos

c) alta dirección

d) personal.

Las herramientas típicas para recoger esta información incluyen:

a) grupos de debate y de puntos de atención

b) encuestas de actitud del personal

c) cuestionarios a grupos seleccionados y alta dirección

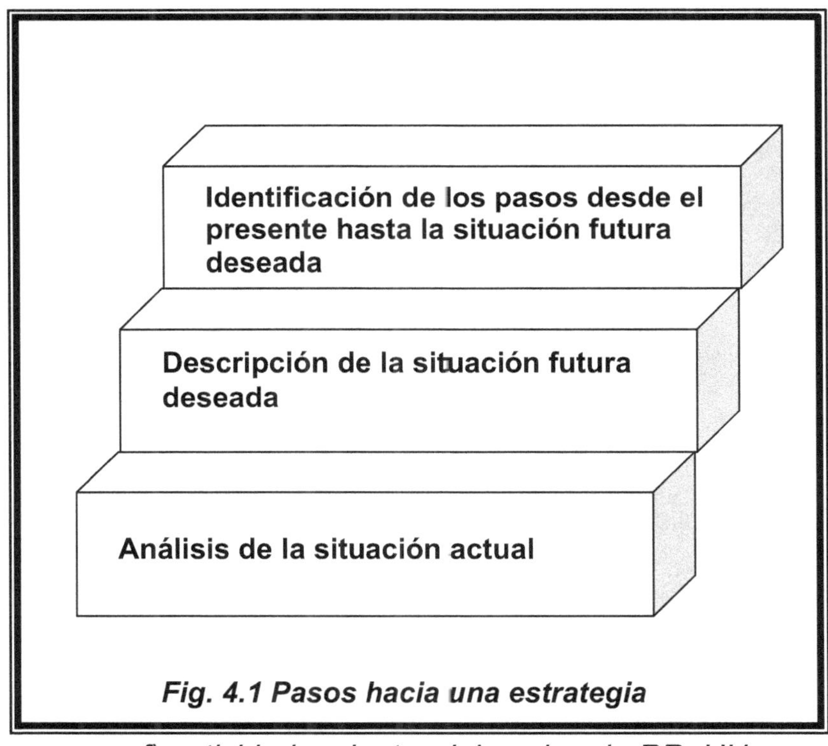

Fig. 4.1 Pasos hacia una estrategia

f) actividades dentro del equipo de RR. HH.

g) evaluación de seguimiento de la formación.

La información obtenida será seguramente una mezcla de datos estadísticos y factuales, así como de evidencias anecdóticas, opiniones y actitudes. La información sobre opiniones y actitudes será tan útil como la información más concreta obtenida de los análisis de actividad, ya que las actitudes de las personas juegan un papel crítico en una gestión del conocimiento exitosa. Si las personas no se sienten alentadas o apoyadas en la gestión del conocimiento, entonces lo más probable es que esta gestión no se esté realizando, o lo haga ineficazmente. De las herramientas disponibles, la encuesta de actitud del personal es una de las más valiosas ya que puede repetirse a intervalos permitiendo medir a lo largo del tiempo la eficacia del apoyo dado a la gestión del conocimiento.

Para muchas organizaciones, abordar la cuestión "¿Hasta qué punto la formación y el desarrollo dentro de la organización respaldan la adquisición, uso y compartición del conocimiento?" manifestará un énfasis en las necesidades inmediatas de formación, por ejemplo, las habilidades e información necesarias para efectuar un trabajo, y una falta de énfasis en las necesidades que podrían surgir en el futuro junto con una falta de fomento del trabajo en equipo y de la compartición de ideas e información. La transición en la estrategia de formación y desarrollo a medida que cambian los roles de trabajo y el incremento del interés por la gestión del conocimiento se muestran en la Fig. 4.2.

El análisis de la situación actual, junto con la expresión del futuro deseado, mostrará la distancia a salvar para orientar las funciones de formación y desarrollo hacia la gestión del conocimiento. este estudio comprenderá:

1). Cuestiones relativas a las personas —¿qué habilidades, conocimientos y experiencias serán necesarias en las areas de formación y desarrollo para sustentar la gestión del conocimiento? ¿Qué habilidades o conocimientos necesitarán los directivos o los profesionales de la formación para proporcionar

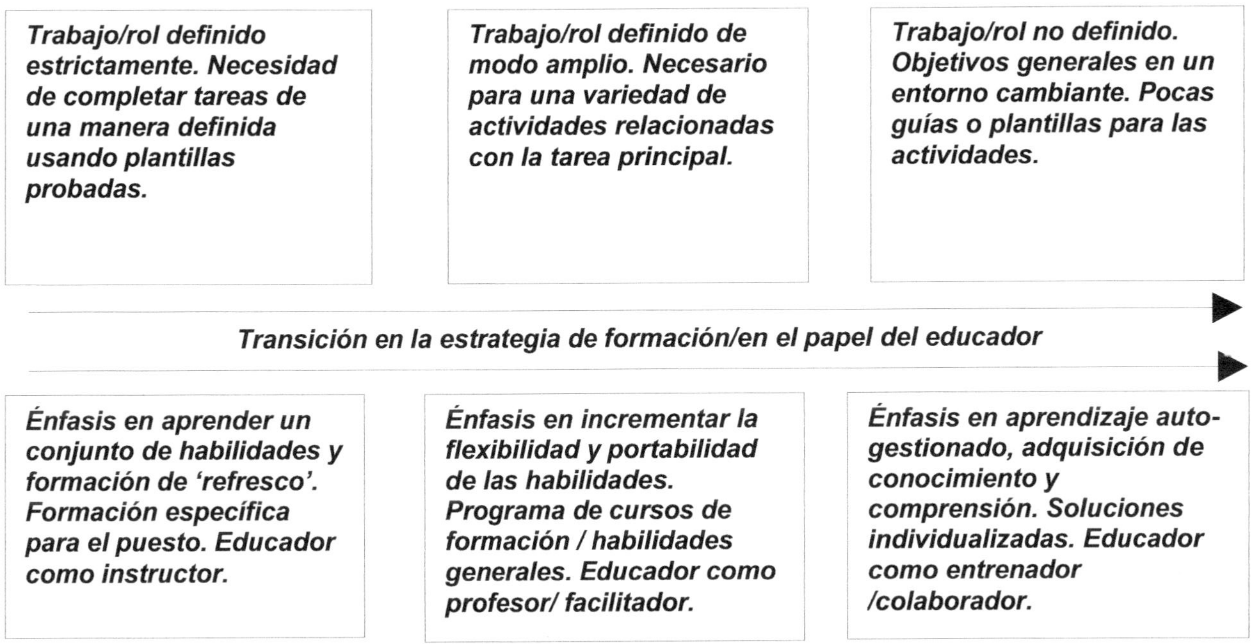

| Trabajo/rol definido estrictamente. Necesidad de completar tareas de una manera definida usando plantillas probadas. | Trabajo/rol definido de modo amplio. Necesario para una variedad de actividades relacionadas con la tarea principal. | Trabajo/rol no definido. Objetivos generales en un entorno cambiante. Pocas guías o plantillas para las actividades. |

Transición en la estrategia de formación/en el papel del educador

| Énfasis en aprender un conjunto de habilidades y formación de 'refresco'. Formación específica para el puesto. Educador como instructor. | Énfasis en incrementar la flexibilidad y portabilidad de las habilidades. Programa de cursos de formación / habilidades generales. Educador como profesor/ facilitador. | Énfasis en aprendizaje auto-gestionado, adquisición de conocimiento y comprensión. Soluciones individualizadas. Educador como entrenador /colaborador. |

Fig. 4.2 Transición en la formación y en el trabajo

una estrategia de formación orientada a facilitar la gestión del conocimiento? ¿Serán éstos respaldados por los participantes clave? ¿Qué actitudes habrá que cambiar?

***2). Cuestiones relativas a actividades** —¿cómo tendrán que cambiar las actividades de formación y desarrollo? ¿Qué deberá hacer el area de formación? ¿Qué parte habrá que proveer desde el exterior? ¿Qué parte será provista desde dentro de la organización?*

***3). Cuestiones financieras** —¿Qué cambios tendrán lugar en las inversiones en formación y desarrollo? Las inversiones ¿crecerán o disminuirán? ¿Se centrarán en áreas distintas?*

***4). Cuestiones de infraestructura** —un enfoque diferente en formación y desarrollo ¿requerirá recursos físicos adicionales, por ejemplo, nuevas tecnologías? Dicho enfoque ¿impactará en la estructura organizativa y en los hábitos de trabajo? Por ejemplo, si se quiere impulsar la creatividad ¿podría ello chocar con las estructuras organizativas y las jerarquías?*

La estrategia de formación en gestión del conocimiento debería identificar también cómo basarse en los potenciales existentes en formación y desarrollo que sustentan la adquisición, uso y compartición de información.

Tareas clave en formación y desarrollo

Es probable que la estrategia de capacitación y desarrollo identifique las siguientes tareas clave para la función de capacitación y desarrollo en un entorno de gestión del conocimiento:

1). Desarrollar en los directivos la habilidad de fomentar la innovación y la creatividad.

2). Equipar al personal con las habilidades para gestionar su propio aprendizaje y desarrollo.

3). Entrenamiento directo en las habilidades de uso eficiente de la información y generación de ideas nuevas y de transferencia de habilidades.

4). Entrenamiento en el desarrollo y uso de sistemas de información.

5). Crear habilidades de trabajo en equipo y modelos de puestos de trabajo cooperativos.

6). Desarrollar programas de desarrollo y actualización profesionales eficaces y continuos.

En las secciones siguientes veremos con mayor detalle cada una de estas areas.

Fomento de la innovación y la creatividad

Adiestrar a los directivos es generalmente sencillo cuando se trata de habilidades 'duras' del negocio, manejo de información, presupuestos, decisiones de inversión, estadísticas etc. Sin embargo, lograr que los directivos fomenten la innovación y la creatividad requiere concentrarse en habilidades más 'livianas'. Precisa de un elemento introspectivo en el desarrollo de los directivos y una comprensión guiada del comportamiento humano. Mientras que la 'ciencia' del comportamiento humano puede aprenderse en base a formación fuera de trabajo, la experiencia práctica y la tutoría supervisada en el lugar de trabajo son sin duda soluciones más efectivas para mejorar las habilidades relevantes de modo práctico.

Fomentar la innovación y la creatividad debe conducir a los directivos a aplicar una metodología de entrenamiento en el lugar de trabajo. Ello supondrá:

a) estimular la colaboración

b) hacer accesibles las ideas

c) explorar los conflictos

d) estimular el diálogo

e) suspender ocasionalmente los juicios y ser tolerante con disintos puntos de vista

f) estimular un sentimiento de comunidad, interés común y confianza.

Para que los directivos puedan desempeñar este papel, tendrán que ser capaces de:

1). Desafiar sus propias suposiciones y las de otros acerca de la naturaleza y los actos humanos y comprender cómo sus acciones pueden ayudar o dificultar la creatividad y la innovación.

2). Aprender a confiar en colegas y subordinados así como aceptar y gestionar de modo productivo a los 'disidentes'.

3).Pensar en cómo estructuran su trabajo para maximizar las oportunidades de aprendizaje y el desarrollo de los demás, incluyendo aprender a delegar eficazmente.

4). Aceptar que algunos errores tendrán lugari.

5). Contemplar la tutoría como una parte importante de su trabajo.

6). Redefinir situaciones problemáticas como desafíos que proporcionan oportunidades de aprender.

7). Comprender las herramientas y técnicas básicas para el fomento de la innovación y la creatividad, incluyendo las herramientas de toma de decisiones y técnicas tales como las reuniones creativas ('brainstorming').

8). Reconocer y premiar las contribuciones innovativas.

Un desafío importante para los directivos inmersos en organizaciones jerarquizadas será promover (en vez de sentirse amenazados por) las comunicaciones verticales y laterales, donde miembros del equipo pueden ser honestos sin arriesgar las oportunidades de desarrollo de sus carreras.

Esto refleja un cambio en el rol de los directivos en un entorno centrado en el conocimiento, del rol tradicional de 'jefe' a un rol de ayuda y tutelaje. Sin embargo esto es sólo una parte de la transición en el rol de los directivos. En un entorno fuertemente dependiente de los conocimientos de los trabajadores individuales y donde los conocimientos y habilidades de los trabajadores pueden ser mucho mayores que los de los directivos, la transición en el rol de los directivos dará un paso más de tutor y ayudante a servidor — semejante a la relación entre un actor de talento y su agente, el rol de los directivos será ayudar a actuar a sus subordinados. Esta progresión influirá en el diseño de la formación de desarrollo de los directivos, así como otras áreas de RR. HH. como se refleja en la Fig. 4.3.

Para juntar los diversos requerimientos de los directivos en un entorno de conocimiento en un programa de desarrollo de la dirección, habrá que diseñar un programa que enfatice la percepción de uno mismo y el autoconocimiento junto con habilidades de gestión teóricas y prácticas. Lograr esto será más fácil si el programa:

*1). **Usa situaciones de la vida real** como ejercicios de aprendizaje cuando sea posible, de forma que se produzcan reacciones reales ante éxitos y fallos.*

*2). **Proporciona información de retorno** honesta a los delegados, incluyendo las imperfecciones.*

3). Usa actividades que demuestren la necesidad de confianza y trabajo en equipo

4). Dedica tiempo en centrarse en el comportamiento e interacciones humanas (teóricas o sentidas por los participantes).

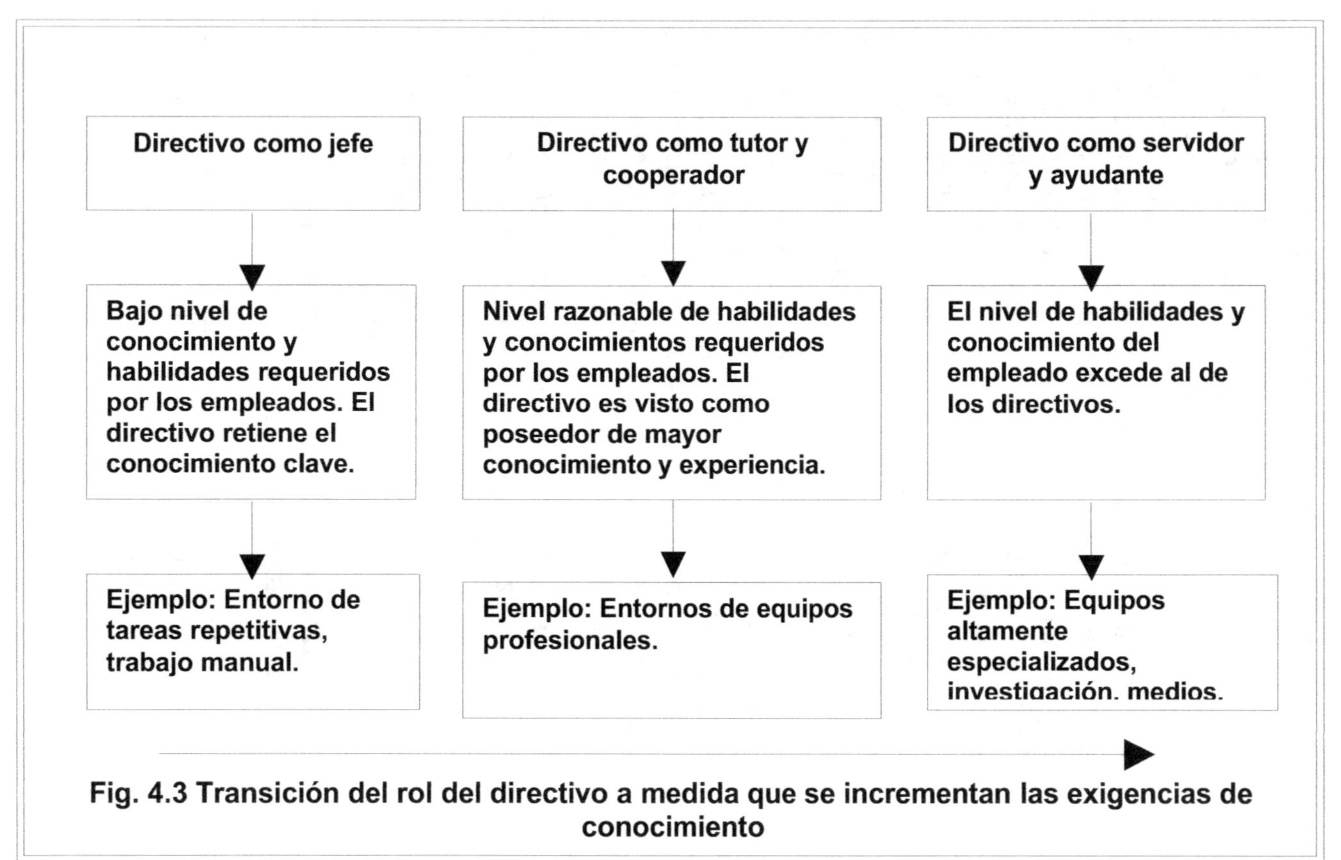

Fig. 4.3 Transición del rol del directivo a medida que se incrementan las exigencias de conocimiento

Aprendizaje y desarrollo autodirigidos

Los individuos que son hábiles en gestionar su propio aprendizaje y desarrollo tienden a mostrar alguna o todas de las siguientes características:

*1). **Confianza** — para abordar nuevas tareas y proyectos.*

*2). **Curiosidad** — para comprender y encontrar cosas.*

*3). **Creatividad** — para conectar con ideas y experiencias diversas.*

*4). **Compromiso** — para aprender nuevas habilidades y nueva información.*

*5). **Cooperatividad** — para compartir información e ideas con otros.*

Típicamente tales personas buscan nuevas oportunidades para aprender y ven a los demás como recursos de aprendizaje. Tienen también la flexibilidad conceptual para aplicar los conocimientos e informaciones obtenidos en un área a otras áreas diferentes, reteniendo lo que sea válido y descartando lo que no lo sea.

Se trata de características con frecuencia difíciles de captar directamente en los puestos de trabajo. Identificar estas características y entender cómo se manifiestan en el comportamiento constituye un desafío para RR. HH. Será entonces posible promover los comportamientos asociados a estas características por medio de diversos medios organizativos — tales como formación, estrategias de recompensa y apreciación.

Algunos comportamientos típicos que pueden alentarse e integrarse en un esquema de competencias para ser utilizados en entrenamiento y desarrollo (así como en otras áreas de RR. HH.) incluirán:

*a) **identificar y utilizar** recursos para aprender;*

*b) **trabajar cooperativamente** con otros, compartiendo ideas e información;*

*c) **identificar** las propias necesidades de desarrollo y generar un plan de desarrollo personal;*

*d) **aplicar conocimientos previos** y habilidades a nuevas situaciones.*

Sin embargo, equipar al personal para que gestione su propio aprendizaje y desarrollo afronta los mismos desafíos que potenciar a los individuos para que gestionen sus propias áreas de trabajo. Estos desafíos incluyen:

*a)**superar el 'condicionamiento'** — muchos empleados han sido condicionados a lo largo de los años dedicados dentro del sistema educativo, a ver el 'aprendizaje' como algo que se les da, más que como algo que hacen por ellos mismos;*

*b) **equipar con habilidades de aprendizaje** — aunque el sistema educativo ha cambiado y lo sigue haciendo, muchos empleados no han sido 'educados para aprender' en el colegio o la universidad. En particular, para los empleados de mayor edad, el énfasis en su educación y entrenamiento formales se ha puesto en la adquisición de habilidades y conocimientos, más que en aprender a aprender.*

*c) **enfrentarse a la inercia** — aprender y desarrollarse en modo autodirigido requiere que los empleados superen su 'inercia mental' — resistencia a emplear el esfuerzo necesario para desarrollarse. Muchos empleados se mantienen en una 'zona de confort' en la que saben lo suficiente para hacer el trabajo para el que han sido contratados. El aprendizaje o desarrollo ulteriores no se perciben como relevantes o necesarios y 'amenazan' esa zona de confort;*

*d) **superar el pensamiento a corto plazo*** — el
comprensible énfasis intenso en los resultados finales
y la planificación a corto plazo dentro de las
organizaciones hace difícil justificar la inversión de
recursos en estrategias a largo plazo, tales como
capacitar a los empleados para que se formen;*

*e) **proporcionar las herramientas para hacer el
trabajo*** — un fallo habitual en las estrategias de
'potenciación' es que a los empleados no se les dan
las herramientas — información, recursos y autoridad
— para responder de modo activo. Al igual que al
'hacer un trabajo', gestionar el propio aprendizaje y
desarrollo requiere acceso a información y recursos,
así como autoridad para tomar decisiones.*

Los pasos prácticos para afrontar estos obstáculos,
supondrán:

**1). Asegurar que los empleados se interesen por su
propio aprendizaje y desarrollo.** Esto puede hacerse
por medio de sistemas formales tales como sistemas
de reconocimiento o estrategias de premios (véase el
Capítulo 3 sobre premiar el conocimiento) o sistemas
informales que proporcionen reconocimiento al
desarrollo individual — por ejemplo, reconociendo los
logros en una publicación del personal o un 'premio a
la formación' anual.

2). Enseñar 'cómo aprender'. Si se pretende que los
individuos sean responsables de su propio aprendizaje
y desarrollo, la función de formación puede
proporcionar cursos prácticos en habilidades de
aprendizaje y proporcionar herramientas para uso del
personal, tales como herramientas de auto-evaluación,
simulaciones y formatos para crear planes personales
de desarrollo.

3). Atacar la 'zona de confort'. El personal puede
necesitar incentivos positivos para salir de su 'zona de
confort' de desarrollo. Puede tratarse de incentivos

financieros. Adicionalmente pueden necesitar ser disuadidos de mantenerse en su zona de confort. Esto puede significar medidas proactivas que plantéen a los individuos desafíos en su puesto de trabajo, tales como asignaciones internas, rotación de trabajos, prolongación de empleos o entrevistas anuales de desarrollo en las que, el no haber participado en actividades de desarrollo en los últimos 12 meses se valore negativamente.

4). Lograr que se valore de la formación como actividad estratégica. Al conseguir que se valore la formación como actividad estratégica es más fácil lograr el apoyo a partes de tal estrategia, que pretender garantizar un retorno a largo plazo. Fuera de un marco estratégico, los aspectos prácticos a corto plazo hacen difícil conseguir el apoyo de la alta dirección a iniciativas que fomenten la gestión por parte de los individuos de su propio aprendizaje y desarrollo.

5). Establecer un centro de información y recursos. Si se pretende que los individuos dispongan de los recursos y la información para gestionar su propio aprendizaje, entonces habrá que dar pasos positivos para asegurar que los recursos y la información sean compartidos. Un 'centro de información y recursos' para la formación, virtual o físico, dentro de la propia organización, puede proporcionar acceso fácil a recursos de formación además de a programas de entrenamiento — por ejemplo, copias electrónicas o prospectos de universidades locales e instituciones educativas y enlaces a sitios web de recursos educativos.

Uso eficaz de la información y generación de nuevas ideas

En tiempos en que la información está disponible libremente desde muchas fuentes, no sólo internet, la mera posesión de información no basta para conseguir ventaja competitiva y excelencia en el servicio. Debe ser usada de formas creativas e innovadoras con comprensión del negocio y de los requerimientos de los clientes.

Para entrenar a las personas en el uso eficaz de la información y la generación de nuevas ideas, se requiere comprender cómo piensa la gente y qué cambio o transición es necesaria en su modo de pensar.

Un modelo útil para ello es el modelo del cerebro derecho' y el 'cerebro izquierdo'. Este modelo se basa en la distinción del cerebro en dos hemisferios superpuestos, ambos distintos pero igualmente importantes. Cada hemisferio puede verse como especializado en diferentes procesos del pensamiento. La Fig. 4.4 ilustra las funciones típicas asociadas con cada hemisferio según este modelo.

Los procesos del "cerebro izquierdo" (según este modelo), racional y lógico, son los que se fomentan y premian preferentemente en nuestro sistema educativo y nuestra sociedad. Este lado de nuestro pensamiento es el que tiende a dominar en las organizaciones, a veces en detrimento de nuevas ideas y de innovaciones.

Incrementar la innovación y la creatividad requerirá fomentar un mayor uso de los procesos del lado derecho del cerebro, tales como creatividad, síntesis y reconocimiento de patrones. Lo cual implica introducir actividades que promuevan y premien dichos procesos. Todo ello tiene aplicaciones más amplias que solamente el campo de la formación y el desarrollo, pero en estas áreas, se han desarrollado varias técnicas para estimular el pensamiento del 'cerebro derecho' y ayudar a generar ideas nuevas e innovadoras. Estas pueden incorporarse a un programa de entrenamiento para directivos y personal y aplicarse de modo más amplio como parte de la metodología básica de trabajo de la organización. Las técnicas de esta inclusión serían:

Reuniones creativas ('brainstorming') - En una sesión de 'brainstorming' todos los miembros del grupo área en particular.exponen cualquier idea que puedan tener sobre un tópico o área en particular. Funciona mejor si los juicios sobre las ideas propuestas se prohíben durante la sesión (evitando las críticas inmediatas que desalientan las contribuciones y pueden potencialmente matar una buena idea o un camino de exploración fructífero). Las reglas típicas de una sesión de 'brainstorming' son:

1). Nadie puede empezar a juzgar, evaluar o comentar sobre cualquier idea expuesta por un participante hasta que la sesión de 'brainstorming' haya terminado. (¡Es sorprendente lo difícil que resulta para la gente no interrumpir con un comentario!);

2). Todas las ideas son importantes, no importa cuan extravagantes puedan parecer;

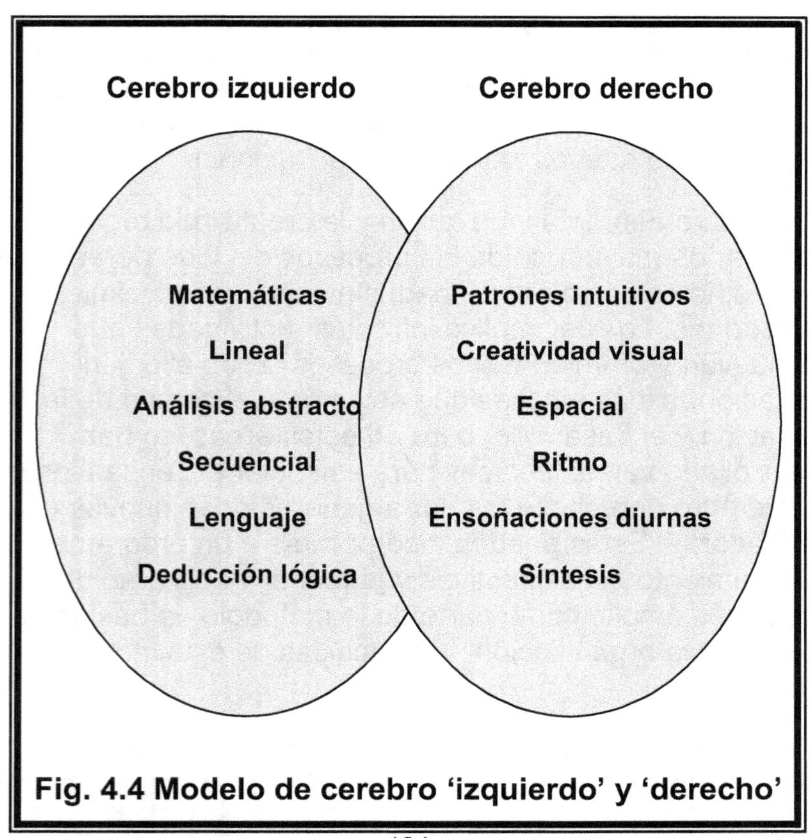

Fig. 4.4 Modelo de cerebro 'izquierdo' y 'derecho'

3). Todas las ideas deben registrarse tal como han sido expresadas.

La sesión de 'brainstorming' debe ser seguida de una evaluación. Un modo eficaz de manejar las ideas que permanecen tras la evaluación inicial es marcarlas de 1 a 4, donde 1 = fácil de realizar, elevado impacto; 2 = difícil de realizar, elevado impacto; 3= fácil de realizar, bajo impacto y 4 = difícil de realizar, bajo impacto. Esto permite priorizar qué ideas se desarrollarán ulteriormente.

Mapas mentales - Esta técnica, popularizada por Tony Buzan, promueve el uso de funciones de ambos lados del cerebro, izquierdo y derecho, por medio de asociaciones. Ideas, información y actividades se pueden mostrar en forma de dibujo, usando el color y la posición espacial para ilustrar las relaciones, mostrar las conexiones y estimular nuevas conexiones y nuevas ideas. El mapa mental puede también facilitar el recuerdo de ideas e información. Un mapa mental típico puede ser un árbol, en el que el tronco representa el tema central y las ramas representan ideas particulares o asociaciones sobre él. Esto no solamente estimula el pensamiento y las conexiones en forma de un flujo libre sino que también puede comunicar información de modo mucho más directo y empático que las tablas lineales, los planes de proyecto tradicionales y las listas.

Los mapas mentales se usan con frecuencia en situaciones de grupos donde hay que planificar un proyecto, en situaciones de aprendizaje para organizar ideas enlazadas que deben ser recordadas, en diseño de proyectos donde deben identificarse y enlazarse diferentes aspectos y en la realización de presentaciones. Las ideas generadas en un 'brainstorming' se pueden transferir a un mapa mental. Esto puede ayudar a identificar las conexiones entre ideas, pensamientos y hechos que inicialmente pudieran parecer inconexos. Puede ayudar a mostrar cómo pueden extenderse los distintos caminos del mapa mental. Este mapa visual puede clarificar la visión de conjunto de la situación, problema o área nueva.

Escucha activa - El entrenamiento en escucha activa es relevante para todo el personal en cualquier nivel. Una queja común de los directivos con respecto a sus empleados y viceversa es que no escuchan. La falta de habilidad para escuchar no sólo impide que se oigan las ideas, también hace que los individuos desistan de expresarlas. Esto sucede en equipos si el directivo no es un buen oyente o si hay un miembro particularmente dominante del equipo que no escucha. No obstante, también puede verse en equipos de la alta dirección, en que directivos de alto nivel dejan de proponer nuevas ideas porque el presidente del consejo o el director ejecutivo no son buenos oyentes.

Relacionada en algunos aspectos con el acto de escuchar, está la Programación neurolingüística (Neuro-Linguistic Programming o NLP). NLP es una herramienta que puede usarse para identificar las creencias subyacentes que afectan al comportamiento humano. Identificando y examinando las consecuencias de las creencias, tanto negativas como positivas, un individuo tiene puede elegir reemplazar las creencias que no le ayudan y retener las que le ayudan. Como consecuencia, se puede modificar el comportamiento. Potenciando la conciencia individual de cómo las creencias subyacentes orientan el comportamiento incrementa la auto-consciencia de las personas, les presenta un conjunto abierto de elecciones que conllevan responsabilidad. La noción de 'no pude evitar hacer tal cosa' se convierte en una débil excusa. El uso de la NLP puede ayudar a identificar las creencias subyacentes y creencias que dificultan la compartición de información y el fomento de ideas — un paso clave para desarrollar una cultura basada en el conocimiento.

Inteligencia emocional – La inteligencia emocional es un tipo de inteligencia social. Supone la capacidad de promover armonía entre las personas. Generalmente se ve como resultado de una capacidad superior para manejar las relaciones debido a l desarrollo de habilidades sociales y la capacidad empatía con las preocupaciones y sentimientos de otras personas. Esta empatía, combinada con la aptitud social proporciona una visión y apreciación de los distintos modos en que la gente siente sobre las cosas. La inteligencia emocional comprende:

*1). **Autoconciencia** – centrada en la propia aptitud para percibir y reconocer introspectivamente las emociones tal como se generan internamente.*

*2). **Autocontrol** – de las propias emociones para poder ser gestionadas adecuadamente.*

*3). **Empatía** – con los demás, mostrando sensibilidad y apreciación de las diferencias en cómo la gente siente.*

*4). **Gestión de las relaciones** – por medio de la aptitud para gestionar las emociones de otras personas.*

La importancia de la inteligencia emocional en un entorno basado en el conocimiento, se pone de manifiesto si consideramos la contribución adicional al trabajo en equipo y la compartición de información que resulta cuando las personas son más autoconscientes, más proclives a la autogestión, más conscientes socialmente y más capaces de aplicar habilidades sociales. Donde faltan esas habilidades y atributos, los conflictos interpersonales y los malentendidos pueden dañar severamente la compartición de información y conocimiento y el ejercicio de la creatividad y la innovación.

El desarrollo de la inteligencia emocional en una persona lleva tiempo y las metodologías que apoyen el proceso pueden ser varias. Por ejemplo, la tutoría se puede combinar con un sistema de aprendizaje de compañeros, en el que las personas tienen uno o más colegas de aprendizaje. La inteligencia emocional se puede desarrollar también por procesos de información retroactiva, tales como el reconocimiento y a través de programas de desarrollo especializados.

Sistemas de información

Una función clave en el personal de RR. HH. con responsabilidades de formación y desarrollo en un entorno de conocimiento es equipar a los demás para desarrollar y usar sistemas de información. La realización de este objetivo supone lo siguiente:

1). *Asegurar que la formación en Sistemas de Información (SI) es parte de la estrategia de formación en sentido amplio* – en algunas organizaciones la función de RR. HH puede ignorar la formación en SI, y dejar que sea dirigida por el departamento de SI con su correspondiente énfasis en formación técnica y la relativa a la introducción de nuevas aplicaciones de software. Aunque esto satisfaga las necesidades operativas, se puede perder de vista la importancia estratégica de la formación en SI, dando como resultado una formación no integrada en actividades más amplias de formación y desarrollo. Si esta falta de implicación de RR. HH. en la formación en SI da como resultado una falta de confianza y de habilidades, el asunto debe ser abordado.

2). *Evaluar los requerimientos en formación presentes y futuros* – cuando la formación en Sistemas de Información se deja fuera de la estrategia de formación, con frecuencia el énfasis se pone en necesidades y requerimientos inmediatos. Cuando se integra en una estrategia de formación más amplia se puede planificar por anticipado y pensar en términos de necesidades futuras más que en necesidades inmediatas que surgen al introducir nuevos Sistemas de Información. Y también conduce a identificar las necesidades de conocimientos tales como trabajar con la dirección para desarrollar una comprensión más amplia de cómo los Sistemas de Información encajan en la organización, lo que pueden o no pueden lograr, cómo impactan en la cultura y el estilo de gestión. Es sorprendente el escaso esfuerzo de formación que se

aplica en muchas organizaciones en fomentar una
perspectiva más amplia de SI y el mundo digital.

3). *Evaluar la eficacia y los resultados de la formación
en SI* – la formación en SI, ya que se relaciona con
frecuencia con un nuevo paquete de software en
particular o un nuevo sistema, rara vez se evalúa más
allá de una primera etapa o un resultado final del tipo
'tal persona puede ahora realizar tal tarea'. Una
evaluación concienzuda, llevada a cabo a lo largo del
tiempo y que contemple tanto los resultados deseados
como los resultados involuntarios, mejorará la
efectividad de la inversión en formación en
Tecnologías de la Información y subrayará el impacto
en métodos de trabajo, cultura, estilos de gestión, etc.
Ello resulta esencial si la inversión en formación en SI
(y en sistemas de Tecnologías de la Información)
deben tener el impacto deseado en la gestión del
conocimiento. No es extraño que las iniciativas
corporativas de formación en SI fracasen en obtener el
impacto deseado por falta de apoyo de los directivos o
el personal en el puesto de trabajo e incluso, por ello,
carecer de reconocimiento por falta de una adecuada
evaluación

4). *Actuar como puente entre los aspectos técnicos y
humanos de los nuevos Sistemas de Información* –
Muchos proyectos de SI fracasan por no tener en
cuenta el factor humano o porque el lenguaje usado
para comunicar el proyecto es demasiado técnico. La
función de formación y desarrollo en la implantación de
nuevos sistemas debe implicarse en una etapa
temprana de los proyectos para que actúen como
puente entre los aspectos técnicos y los aspectos
humanos – aplicando una comprensión profesional de
las teorías del aprendizaje y la motivación personal
para integrar las necesidades de los individuos en el
equipo del proyecto y viceversa.

5). *Propugnar la disponibilidad y uso de tecnología
para adquirir y compartir información* – En un entorno

de gestión del conocimiento, la disponibilidad y uso de tecnología es una herramienta vital en la compartición y adquisición de información. Parte de la función de RR. HH. es propugnar su uso y disponibilidad.

Mini-caso de estudio: Se introdujo nueva tecnología en un centro de atención de llamadas para aumentar los datos disponibles al personal que atiende las llamadas y para recoger a la vez información de gestión por medio de una serie de pantallas de control. Durante las pruebas reales del nuevo sistema pronto se puso de manifiesto que el sistema no recogía la información de gestión como estaba previsto, aunque la razón no estaba clara. Durante las sesiones de entrenamiento con el personal de atención de llamadas, el personal de RR. HH. apreció que el personal del centro tomaba atajos por las pantallas de control debido al factor tiempo y a su deseo de atender más llamadas y cumplir sus objetivos. Esto se transmitió al equipo del proyecto responsable del nuevo sistema, el cual diseñó cambios a realizar para asegurar que se recogiesen los datos de gestión.

Trabajo en equipo y modelos de entornos de trabajo cooperativos

El trabajo en equipo y la constitución de equipos en un entorno de conocimiento se trata con mayor detalle en el Capítulo 5. Entre los aspectos clave de las personas de RR. HH. con responsabilidades en formación y desarrollo están los siguientes:

1). *Alentar las actividades de construcción de equipos* – esto supone intervenciones de formación directa así como alentar un enfoque basado en equipos para resolver asuntos organizativos.

2). *Formar al personal en habilidades de liderazgo de equipos y de pertenencia a equipos* – tradicionalmente la formación se ha centrado en las habilidades de liderazgo de equipos. Sin embargo, en un entorno de conocimiento, es importante ayudar a generar la habilidad de los individuos para ser buenos miembros de un equipo así como crear las habilidades para ser buenos jefes de equipo. En un entorno de conocimiento, los individuos tendrán seguramente que personificar en algún momento ambos roles en diferentes equipos. La formación es esta área incluye también las habilidades de negociación, comunicación y toma de decisiones.

3). *Desarrollar comprensión interna por medio de experiencias de trabajo estructuradas* – el antagonismo y los conflictos que pueden generarse internamente entre diferentes áreas de trabajo y departamentos pueden ser una barrera para los modelos de entorno de trabajo cooperativo. Con frecuencia ello se debe a una falta de entendimiento y falta de mutuo respeto para las contribuciones de cada uno. Una política activa de comisiones internas y cooptación en los distintos equipos puede jugar un papel positivo en atender este asunto y crear mayor grado de cooperación.

 4). *Establecer formación conjunta con los representantes de los trabajadores* – en cualquier lugar de trabajo donde haya sindicatos u otros representantes de los trabajadores, la función de formación y desarrollo puede contribuir al desarrollo de un entorno de trabajo cooperativo llevando a cabo entrenamiento conjunto en áreas de interés común para directivos y representantes de los trabajadores. Esto no sólo promoverá el entendimiento mutuo, sino que también ofrecerá nuevas perspectivas y desafiará las existentes sobre asuntos del centro de trabajo, permitiendo nuevos enfoques y nuevas soluciones a desarrollar. ¡Resulta sorprendente el número de organizaciones innovadoras y basadas en el conocimiento que aun funcionan con estilos de prácticas de relaciones industriales que recuerdan al siglo XIX!

5). *Desarrollar un conjunto de valores compartido y un lenguaje compartido* – un soporte esencial para el trabajo cooperativo en un entorno de conocimiento es el desarrollo de un conjunto de valores compartido y un lenguaje compartido para hablar sobre asuntos organizativos y de trabajo. Es esta un área donde la metodología de formación y desarrollo en facilitar y llevar a cabo talleres de trabajo puede suponer una contribución significativa.

Mini-caso de estudio: Entre dos departamentos – Producción y Publicidad de un grupo de prensa surgieron malentendidos. En el periódico aparecieron anuncios con erratas que condujeron a pérdidas de ingresos. El departamento de Publicidad culpaba a Producción por redactar mal los anuncios. El departamento de Producción culpaba a Publicidad por darles información errónea. Los problemas entre ambos departamentos se hicieron evidentes para RR. HH. en comentarios hechos por los participantes en cursos de formación. A ello siguieron visitas a los jefes de ambos departamentos por el encargado de formación para identificar la naturaleza y profundidad del problema. A raíz de estas conversaciones se acordó llevar a cabo talleres de formación que involucraran a personal de ambos departamentos para reevaluar los procesos de aceptación de un anuncio en el departamento de Publicidad hasta la producción del anuncio en el periódico. Los cursos dieron como resultado cambios acordados en los procedimientos y el desarrollo de una comprensión compartida de ciertos términos técnicos – eran los malentendidos sobre estos términos particulares la causa primaria de muchos de los conflictos.

Desarrollo profesional continuo

Si vemos el conocimiento como un valor también
tendremos que reconocer que, como otros valores, su
importancia puede decaer a lo largo del tiempo si no es
mantenido y alimentado. Sin embargo, el propósito de un
esquema de desarrollo profesional continuo y la formación
de actualización no es simplemente evitar que las
habilidades y conocimientos queden obsoletos, sino también
generar una actitud de 'formación de por vida'. La
importancia de esta actitud se basa en la necesidad de estar
abierto a nuevas ideas y nuevos enfoques en un entorno de
conocimiento.

Un esquema eficaz de desarrollo profesional continuo
y formación de actualización requerirá una combinación de:

*1). Fomento de implicación en actividades 'extra-
curriculares'* – esto puede abarcar la implicación en
institutos profesionales y otras agrupaciones
profesionales, adscripción a comisiones externas,
implicación en la comunidad (por ejemplo, como
director de colegios o trabajos filantrópicos), apoyo a
la formación de desarrollo fuera de las necesidades
actuales de la organización, años sabáticos y
licencias por estudios, etc.

*Mini-caso de estudio: Una organización de medios de
comunicación deseaba alentar a sus empleados a
situarse a la vanguardia de sus respectivos campos y
mantenerse al día de los temas actuales. Uno de los
modos en que se decidió llevarlo a la práctica fue
alentar a las personas a que contribuyeran con
artículos en publicaciones profesionales. Se estableció
un sistema por el cual si alguien publicaba un artículo
en una publicación profesional en algún tema de
relevancia en las áreas de especialización de la
organización entonces la persona recibiría un pago de
la organización basado en las tarifas standard de los
periodistas.*

2). *Apoyo a planes de desarrollo personal* – ello puede o no formar parte del proceso de reconocimiento, pero en una organización basada en el conocimiento cada individuo debería tener un plan de desarrollo personal. Este plan precisa identificar el desarrollo que es, o bien requerido (por ejemplo, debido a deficiencias o debido a cambios inminentes en el puesto de trabajo) o bien deseado (por ejemplo, debido a las propias aspiraciones del empleado en su carrera o para incrementar la flexibilidad). Como mínimo, los planes de desarrollo personal deben comprender el desarrollo que se pretende, el camino posible para lograr tal desarrollo (por ejemplo, por formación directa, por experiencia de trabajo estructurada, por asignación de diferentes responsabilidades, por estudio autodirigido, etc.) qué recursos se necesitarán y de quién se precisará apoyo para obtener el desarrollo así como una escala temporal.

Mini-caso de estudio: Una organización ha atravesado un periodo de reducción drástica. Tras la reducción, se reconoció que, debido a que era ahora mucho más pequeña, las oportunidades del personal para progresar y desarrollarse eran más limitadas. Se introdujo por consiguiente un esquema de formación y desarrollo por el cual, miembros del personal podían solicitar ayudas al desarrollo. Bajo este esquema, las ayudas se otorgarían para actividades de desarrollo relativas a las aspiraciones de carrera de los individuos, más que a las necesidades de su trabajo actual o futuro dentro de la organización. Se pidió también un compromiso en términos de tiempo y dinero a los solicitantes de las ayudas a formación y desarrollo. El esquema de formación y desarrollo era adicional al presupuesto corriente de formación.

3). *Formación y readaptación planificadas* – como parte de la estrategia de formación debería haber un ciclo planificado de 'formación de mantenimiento' para refrescar habilidades y conocimientos. Para que este plan sea creíble y exitoso debería abarcar todos los niveles y contemplar formación de actualización a directivos para todos los miembros de la alta dirección – incluyendo al director ejecutivo.

4). *Tutelaje como elemento esencial en el trabajo de todos* – el tutelaje supone que las personas trabajan conjuntamente con otras para ayudarles a lograr un objetivo. Se trata de una actividad muy dirigida y sigue un proceso básico tal como se ilustra en la Fig. 4.6.

5). *Asesoramiento* – tutelaje no es lo mismo que asesoramiento. Ésta es una actividad más reflexiva permitiendo espacio para pensar a través de experiencias en el lugar de trabajo, comprendiéndolas y recibiendo consejo. Es una forma de supervisión no directiva. En un entorno de conocimiento, un esquema de asesoramiento bien diseñado permite compartir sabiduría acumulada y la oportunidad para la persona que es asesorada para convertir la experiencia en conocimiento a través de procesos de reflexión y cuestionamiento.

Un sistema de asesoramiento asigna al individuo que es asesorado una persona más antigua y experta a modo de recurso para proporcionarle guía. Para evitar conflictos potenciales, es importante que no exista una relación directiva en línea directa entra el asesor y la persona que está siendo asesorada. El asesoramiento puede ser de gran valor para fomentar el pensamiento y mejorar la comprensión, aunque es

PLAN DE ACCIÓN DE DESARROLLO PERSONAL

Nombre: ....   Fecha:.........................

¿QUÉ DESEA LOGRAR?	¿CÓMO SE LOGRARÁ?	¿QUÉ APOYO SE REQUIERE DE SU JEFE/SUS COLEGAS/LA ORGANIZACIÓN PARA LOGRARLO?	FECHA OBJETIVO

Fig. 4.5 Ejemplo de plan de desarrollo

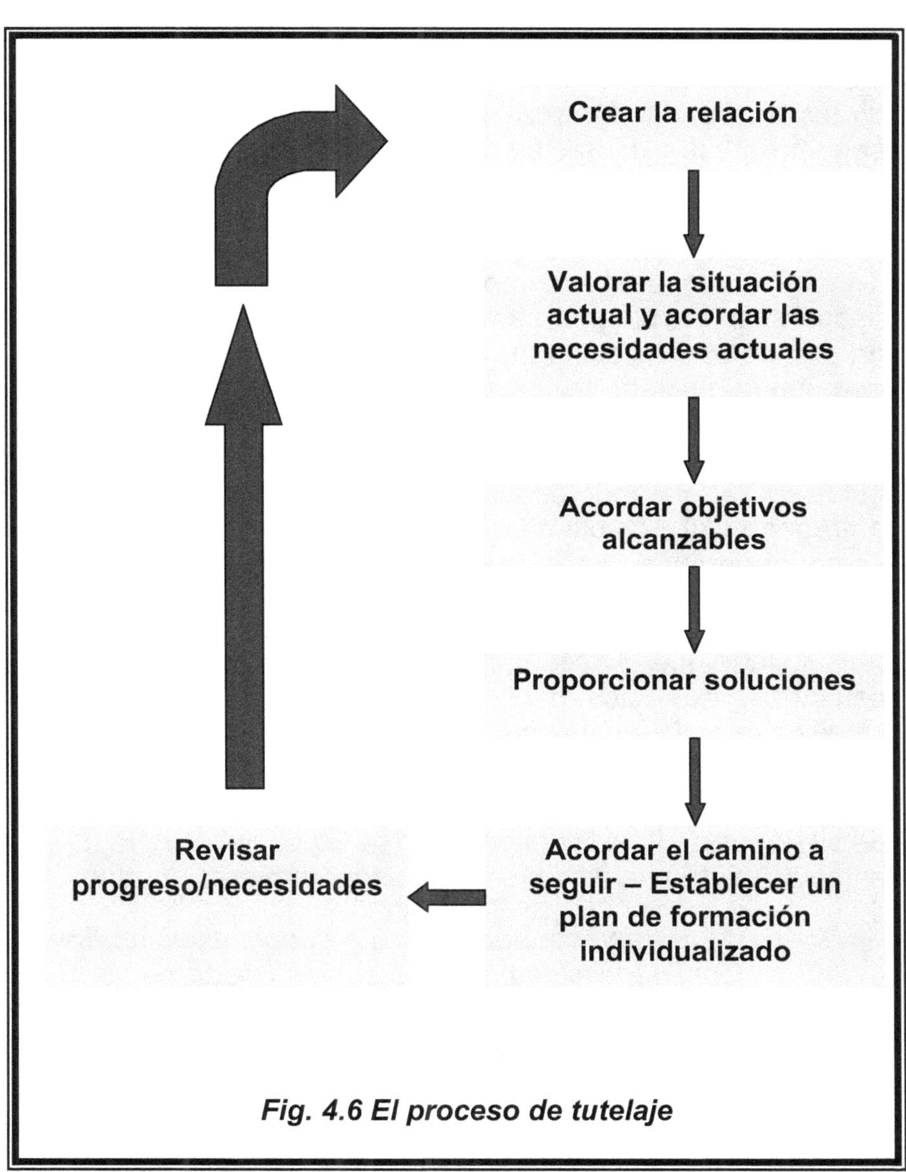

Fig. 4.6 El proceso de tutelaje

menos efectivo como medio de obtener habilidades específicas. Los usos comunes del asesoramiento suelen ser proporcionar apoyo a directivos de reciente promoción, para graduados bajo entrenamiento como parte de su desarrollo como directivos. El asesoramiento está destinado a complementar, más que reemplazar el rol de la línea de dirección. Cuando funciona bien, puede crear un entorno seguro para la exploración de ideas, la discusión de inquietudes y el desarrollo y comprensión de la cultura organizativa.

Tanto el asesor como la persona asesorada necesitarán recibir entrenamiento en sus respectivos roles en el sistema. Necesitarán comprender los parámetros de lo que puede o no ser discutido y de qué apoyo se dispondrá. El sistema debe permitir también un cambio de asesores si la relación no funciona. En un entorno de conocimiento, es útil asegurar que todo el personal de dirección está entrenado y disponible para actuar como asesor. Entonces se podrá permitir a los individuos que escojan a su propio asesor.

Dado que el asesoramiento implica la generación de confianza, es preciso mantener la confidencialidad. Esto significa que el seguimiento de la eficacia de un sistema de asesoramiento se basará en las percepciones de valoración (de las personas involucradas) y el registro de la ocurrencia de sesiones de asesoramiento (no de su contenido). El establecimiento de un sistema de asesoramiento supone:

1). Establecer parámetros – expectativas mutuas, confidencialidad, tópicos que se pueden o no discutir (por ejemplo, no los términos y condiciones del empleo).

2). Identificar asesores potenciales y proveer formación, explicando el rol del asesor dentro de la gestión del conocimiento.

3). Determinar qué personal será elegible y proporcionarle entrenamiento básico –

explicándole cómo obtener el máximo beneficio del sistema.

4). Determinar cómo enfocar la asociación de individuos con asesores.

5). Decidir criterios de éxito para el sistema de asesoramiento y cómo será evaluado.

La experiencia práctica en esquemas de asesoramiento sugiere que es también importante que la alta dirección y el director ejecutivo se sometan a asesoramiento para evitar la posibilidad de que el asesoramiento sea percibido como un reconocimiento de debilidad o fallo. Ello puede suponer obtener asesores de fuera de la organización.

Resumen

Formación y desarrollo son roles clave por medio de los cuales RR. HH. puede implicarse y contribuir a una gestión eficaz del conocimiento dentro de la organización. No obstante, contribuir en esta área supone asumir una perspectiva estratégica y más amplia. Parte de este enfoque estratégico consiste en equipar a los directivos para que fomenten la innovación y la creatividad y habilitar al personal para que gestione su propio aprendizaje y desarrollo.

También supone la educación directa en habilidades sobre uso eficaz de la información y en métodos de generar nuevas ideas y nuevos modos de hacer las cosas así como una implicación activa en los desarrollos tecnológicos en el centro de trabajo. La metodología de formación se puede usar también eficazmente dentro de la organización para desarrollar el trabajo en equipo en todos los niveles – preparando a los individuos para ser tanto miembros como líderes de equipos – y desarrollando modos de trabajo basados en la cooperación y la compartición de información y conocimiento.

Lista de verificación 4

1. ¿Ha desarrollado una estrategia de formación que identifique las tareas clave para la función de formación y desarrollo en un entorno de gestión del conocimiento?

2. ¿Se ha planteado hasta qué punto la formación y desarrollo dentro de la organización respaldan la adquisición, uso y compartición de información?

3. ¿Ha ayudado a desarrollar a los directivos para que fomenten la innovación y la creatividad?

4. ¿Ha rediseñado las actividades y programas de desarrollo de la dirección poniendo el énfasis en la autoconciencia y el autoconocimiento?

5. ¿Ha equipado al personal con las habilidades para gestionar su propio aprendizaje y desarrollo?

6. ¿Ha llevado a cabo formación directa en las habilidades de uso eficaz de la información y generación de nuevas ideas?

7. ¿Ha evaluado las necesidades de formación actuales y futuras en Tecnologías de la Información?

8. ¿Ha actuado como puente entre los aspectos técnicos y personales de los nuevos sistemas de Tecnologías de la Información?

9. ¿Ha entrenado a todo el personal en habilidades de liderazgo de equipos y pertenencia a equipos?

10. ¿Ha desarrollado un programa eficaz de desarrollo profesional continuo o programas de actualización que cubran todos los niveles?

Capítulo Cinco

La gestión en un entorno de conocimiento

Sinopsis

En este capítulo:

a) consideraremos el impacto de una economía del conocimiento en las relaciones de poder dentro de las organizaciones y el impacto en el modo de enfocar la gestión;

b) identificaremos los rasgos clave en el rol de los directivos para crear un entorno que fomente el uso del conocimiento por parte de los individuos en beneficio de la organización;

c) consideraremos el uso de equipos de personas, tanto físicos como virtuales, en un entorno de conocimiento;

d) identificaremos las cuestiones clave relativas a la comunicación dentro de un entorno de conocimiento.

Introducción

En la definición de gestión del conocimiento que dimos en el Capítulo 1, un elemento clave era estimular y habilitar a los individuos para '*aplicar su conocimiento en beneficio de la organización*'. A la vez que esto tiene sus implicaciones en los sistemas y los procesos como se ha comentado en capítulos previos, tiene también implicaciones en el modo en que las personas son dirigidas a nivel individual y de equipo.

En el Capítulo 4 consideramos el papel de RR. HH. entrenando a los directivos para que sean eficaces en un entorno basado en el conocimiento.. Sugerimos que la formación en el desarrollo de los directivos debía reflejar la transición en su papel, del modelo tradicional de "jefes" hacia el modelo de asesores. En un entorno con fuerte dependencia de los conocimientos de los trabajadores individuales y donde los conocimientos y habilidades de los trabajadores son muy superiores a los de sus directivos, sugerimos también que esta transición era sólo una etapa en la evolución hacia el rol del directivo como ayudante y 'servidor'.

En este Capítulo examinaremos con mayor detalle el modo de enfocar la dirección en un entorno de conocimiento. Ello cubrirá la función de dirección desde la perspectiva de la dirección individual y líder de equipos así como la dirección corporativa en el área de las estrategias de comunicaciones internas. Será importante al considerar estas areas el cambio en expectativas y demandas de los trabajadores del conocimiento basado en el desplazamiento de las relaciones de poder en una economía basada en el conocimiento. Tal como observó el director ejecutivo de una empresa de desarrollo de software, si un único empleado es responsable de la mayor parte de los beneficios de la compañía, no diriges a ese empleado como si fuera un número.

El conocimiento como poder

Puede parecer extraño, considerando todo lo que hemos dicho en los capítulos precedentes sobre la generación de confianza, iniciar una exposición sobre la dirección en un entorno de conocimiento con una consideración sobre las relaciones de poder dentro de las organizaciones. Sin embargo, el enfoque de la gestión en un entorno de conocimiento se basa mucho en el cambio de poder relativo de los individuos y las organizaciones. Tales cambios se reflejan y son parte de cambios más amplios en la sociedad que no podemos analizar dentro de los límites de este libro. Nuestro foco tendrá que ser necesariamente más reducido.

El poder dentro de las organizaciones ha sido descrito por escritores tales como Handy y otros en términos de:

1). Poder de posición - el ejercicio del poder sobre otros en virtud de la posición o el status dentro de la organización. Esta forma de poder se confiere a un individuo desde arriba, por ejemplo siendo promovido a un puesto de dirección.

2). Poder de experiencia - el ejercicio de poder sobre otros basado en poseer un nivel mayor de habilidades o conocimientos relevantes. Este tipo de poder se confiere por aquellos sobre quienes se ejerce.

3). Poder de recursos - el ejercicio de poder sobre otros por el control de los recursos que requieren o por la asignación de recursos. Esta forma de poder surge por acciones de la organización, confiriendo control sobre los recursos, y por las acciones de aquellos sobre los que se ejerce, modificando su comportamiento para obtener recursos.

4). Poder coercitivo esta forma de poder se basa en el uso de amenazas o de una posición dominante en la organización o una personalidad fuerte para obtener sumisión. Aquellos que ceden a esta forma de poder no lo hacen de buena gana sino que con frecuencia se sienten acosados o intimidados.

Para los trabajadores del conocimiento, estas formas de poder tienen grados distintos de legitimidad. El poder coercitivo es visto generalmente como la forma menos legítima de poder y su ejercicio puede conducir al resentimiento, la desmotivación y en ocasiones a la resistencia activa. Igualmente, el poder de recursos se valora como de escasa legitimidad, dado que es indirecto (ej. no relacionado con las tareas realizadas) y con frecuencia se percibe como arbitrario y no equitativo. El poder de posición tiene cierto grado de legitimidad en la medida es que se percibe como parte del sistema jerárquico de las organizaciones y no como los individuos tomando el poder para ellos mismos. Sin embargo, para los trabajadores del conocimiento se percibe como no relacionado con las tareas ni con la contribución de la persona que ejerce el poder.

El poder de la experiencia se ve en general como la forma más legítima de poder por parte de los trabajadores del conocimiento, ya que se confiere a un individuo por parte de sus colegas y se basa directamente en las necesidades de las tareas a realizar. Es esencialmente una forma de poder consensuada. El grado de aceptación de estas formas de poder, basado en su legitimidad percibida se ilustra en la Fig. 5.1.

Todas estas formas de poder surgen de la interacción de comportamientos organizativos, de la dirección e individuales. Por ejemplo, el poder de posición tiene menos influencia cuando la jerarquía se ignora de modo habitual, e igualmente, el poder coercitivo tiene menor impacto cuando los individuos no temen las consecuencias y son positivos y confian en ellos mismos.

Aunque el grado de aceptación de las diferentes formas de poder no haya cambiado significativamente, el poder de los trabajadores del conocimiento para resistir y rechazar formas inaceptables de poder sí lo ha hecho. Esta clase de poder, el poder de cualquier unidad o sub-unidad de una organización, se ve como directamente proporcional a la capacidad de dicha unidad o sub-unidad para resolver contingencias críticas que afecten a la organización. En una economía del conocimiento, las contingencias críticas que afectan a las organizaciones, relativas a competitividad o

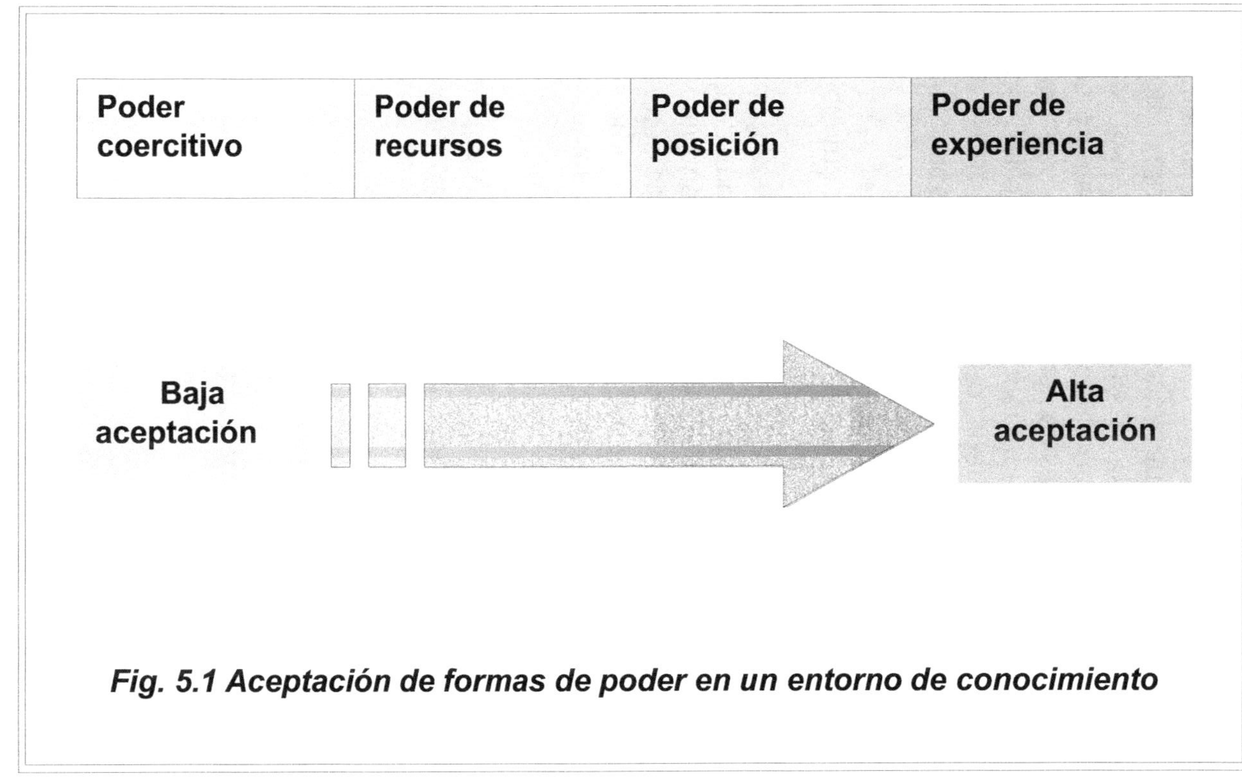

Fig. 5.1 Aceptación de formas de poder en un entorno de conocimiento

excelencia en el servicio, deben, como ha sido sugerido, ser resueltas por medio de la aplicación de conocimiento. Tal como se comentó en el Capítulo 1, el conocimiento reside en los individuos. Siendo este el caso, confiere a tales individuos trabajadores del conocimiento el poder que surge de su capacidad de resolver contingencias críticas que afecten a la organización.

La importancia de los individuos en este sentido se ve más claramente en el comercio electrónico. En el comercio electrónico, las barreras tradicionales para iniciarse, básicamente la necesidad de capital y de una infraestructura organizativa, no son los problemas básicos. Su lugar como determinantes del éxito de la empresa ha sido reemplazado con el disponer de individuos que puedan generar ideas nuevas e innovadoras, identificar nuevos mercados y nuevos productos y trabajar con formas nuevas de hacer negocios.

Los cambios en el poder, tanto relativos al poder dentro de las organizaciones y la aceptación de las diferentes formas de ejercer el poder, influirán en el éxito de los distintos enfoques en la gestión de los individuos. Y tendrán también implicaciones en el enfoque de las relaciones con los empleados.

El efecto más probable en el modo en que se ejerce el poder en las organizaciones es un rechazo potente y articulado de os métodos percibidos como no legítimos. En un entorno de conocimiento se debe esperar una menor tolerancia de la que hubiera tenido lugar en el pasado, para el ejercicio de, por ejemplo, el poder 'coercitivo'. Tales formas de poder serán calificadas con razón como intimidatorias. El efecto más probable en el área de relaciones con los empleados será dar apoyo a los modelos de 'asociación'. Tales modelos se basan en identificar objetivos comunes mutuos entre los directivos y el personal.

Estos cambios en las relaciones de oder

dentro de las organizaciones son significativos para el papel de RR. HH. y sus planes de actuación. Modifican estos planes hacia enfoques flexibles, centrados en los empleados, basados en modelos de gestión consensuados. Se alejan de las 'policías corporativas' y el 'propietario del libro de normas' del pasado.

Papel del directive

En un mundo perfecto el papel del directivo se podría describir como alcanzar los objetivos organizativos por medio de los recursos que se le confían. Para muchos directivos, esta descripción refleja lo que comentarían en su reunión de evaluación anual, pero estaría muy lejos de sus preocupaciones diarias. Sus preocupaciones del día a día estarán más bien relacionadas con cuestiones de la gestión de individuos y tareas, asegurándose de que las 'ruedas sigan girando'. Para RR. HH. todo ello tiende a reflejarse en peticiones de consejos sobre el último conflicto de un equipo o un 'problema con un empleado', más bien que consejos sobre la implicación de los individuos en el logro de los objetivos organizativos. Las actividades de la gestión del día a día consumen mucho tiempo y energías. Este rol de gestión del día a día ha surgido, en parte, de la necesidad de dirigir y coordinar las actividades de los demás. Se basa en lo que hemos caracterizado como modelo de gestión de la 'economía industrial'. Asume un bajo nivel de auto-dirección entre los individuos gestionados. También asume que los equipos precisan ser coordinados activamente, y no pueden coordinarse ellos mismos. Igualmente, una parte del rol del directivo en la 'economía industrial' es actuar como intermediario con la alta dirección. Pasar mensajes, convertir objetivos organizativos en tareas y logros y medir resultados.

Estas suposiciones pueden ser válidas en un entorno de empleados de baja cualificación y de comunicaciones jerárquicas. En esas situaciones, el directivo tiene experiencia además de poder de posición. Pero no es tan válido asumir estos roles para un directivo en un entorno de conocimiento tratando con trabajadores del conocimiento.

Tratar con un equipo con un alto nivel de conocimientos puede permitir que estas tareas se asignen a otros. Esta asignación puede basarse en una toma de decisiones consensuada más que en una delegación específica por parte del jefe. En un entorno de conocimiento donde se usan de las tecnologías vigentes hay poca necesidad del papel de intermediario de comunicaciones. El correo electrónico, por ejemplo, permite una comunicación directa con cualquier parte de la organización. Elimina la necesidad del papel de la dirección de filtro de comunicaciones.

Si estos aspectos tradicionales del rol de los directivos están destinados a la obsolescencia en un entorno de conocimiento, surge la cuestión de la necesidad futura del rol de los directivos. Los cambios organizativos en años recientes han planteado la misma cuestión de la eliminación de funciones de la dirección en niveles de dirección intermedios. La continuación del rol de los directivos como rol diferenciado (más bien que como conjunto de tareas a ser asignadas dentro de un equipo) dependerán en última instancia de si se considera que aportan valor. En un entorno de conocimiento aportarán valor si;

> *1). Apoyan la adquisición y compartición de información y habilidades.*
>
> *2). Estimulan a los individuos a que usen sus conocimientos y habilidades.*
>
> *3). Facilitan la innovación y creatividad y fomentan nuevas ideas.*
>
> *4). Representan los intereses de los equipos y los individuos ante la organización.*

Apoyar la adquisición de información y habilidades
requerirá que los directivos:

> *1). Comprendan los requerimientos de
> información y conocimientos de su personal.*
>
> *2). Comprendan los sistemas, procesos y
> desarrollo que se precisan para alcanzar dichos
> requerimientos de información y conocimientos.*
>
> *3). Sean proactivos en asegurar que las
> oportunidades para dichos sistemas, procesos y
> desarrollos sean proporcionadas.*

Todo ello requerirá que los directivos escuchen a su
personal, tengan una sólida base en gestión de la
información y sean persuasivos al negociar las necesidades
de sus equipos. Y también requerirá priorizar las
necesidades de formación y desarrollo de los equipos y de
los directivos para que tengan una comprensión básica de
las metodologías de formación y desarrollo (por ejemplo,
análisis de necesidades de formación). Apoyar la
compartición de información y habilidades requerirá también
que los directivos:

> *1). Creen un entorno de confianza en sus
> equipos.*
>
> *2). Garanticen una buena comunicación entre los
> miembros de sus equipos.*
>
> *3). Garanticen una buena comunicación entre sus
> equipos y las otras partes de la organización.*

Ello requerirá que los directivos tengan una buena
comprensión de la dinámica de los equipos y su 'cultura'. Y
necesitarán también comprender la teoría y práctica de la
comunicación.

Estimular a que los individuos usen sus propios conocimientos y habilidades comprometerá a los directivos en la creación de entornos en los que los individuos sientan los problemas como algo propio y experimenten una responsabilidad individual en el desarrollo de soluciones. Tales entornos se conseguirán más fácilmente donde los individuos experimenten un mayor grado de autonomía en su trabajo y un sentimiento de propiedad y orgullo sobre los resultados de sus acciones.

Facilitar la innovación y creatividad y fomentar nuevas ideas requerirá una comprensión profunda de las técnicas de 'pensamiento creativo' indicadas en el Capítulo 4. Además, requiere que los directivos posean y demuestren compromiso en fomentar y alimentar creatividad e innovación en el personal que depende de ellos. Esto supondrá:

1). Apoyar la idea de que la creatividad es una conclusión inevitable.

2). Fomentar la fertilización cruzada de ideas y la aceptación de perspectivas divergentes tanto dentro de su propio equipo como entre su equipo y otros equipos de la organización.

3). Flexibilidad al tratar con los individuos.

4). Apoyar la idea de que los empleados comparten los beneficios de las ideas nuevas que se impantan con éxito.

5). Evitar penalizar las ideas que no funcionan. Siempre puede haber algún elemento que resulte fructífero.

6). Establecer caminos fáciles de comunicación.

7). Establecer un sistema que soporte una idea nueva desde sus estadios iniciales hasta la producción final.

Representar los intereses de los equipos y los individuos ante la organización requerirá que los directivos sean proclives a la negociación de recursos y a vender ideas. En este rol de 'portavoz' y 'defensor' los trabajadores del conocimiento esperarán que sus jefes vendan sus ideas e innovaciones dentro de la organización. Un jefe que no es capaz de presentar así el trabajo de su equipo, perderá pronto el respeto. Para ser capaz de vender eficazmente ideas dentro de la organización, los directivos necesitan:

a) tener presente la estructura de poder dentro de la organización;

b) conocer a las personas clave a las que necesita influir;

c) haber estudiado concretamente qué les influirá o persuadirá;

d) ser capaz de cuantificar los costes y recursos que necesitará para trabajar en una idea o innovación;

e) ser capaz de usar la red interna de relaciones para obtener apoyos para una idea o innovación;

f) estar preparado para ceder a otros el crédito de una idea o innovación si ello mejora la posibilidad de aceptación;

g) ser capaz de demostrar cómo la idea o innovación añadirá valor a la organización;

h) ser capaz de situar la idea o innovación en contexto y ser capaz de identificar ideas similares, si procede, que hayan tenido éxito;

i) planear cómo manejar las resistencias y cómo ganarse a los dubitativos;

j) estar preparado para modificar y refinar la idea o innovación en respuesta a la información de retorno recibida;

k) estar preparado para liderar la idea o innovación.

El papel del directivo en un entorno de conocimiento tal como se ha indicado arriba representa un cambio de paradigma, ilustrado en la Fig. 5.2. Una función clave de RR. HH. será apoyar a los directivos en lograr esta transición.

Gestión por medio de equipos

Las organizaciones que deseen promover la compartición de información e innovación y una comunicación eficaz están rediseñando cada vez más sus áreas de trabajo, p. ej. incrementando el número de salas de reunión, eliminando barreras concretas o simplemente convirtiendo las oficinas en espacios diáfanos, de modo que la gente se pueda reunir con más facilidad para trabajar en equipo, lo cual corta las fronteras organizativas tradicionales. Están también creando, al igual que hacen los individuos, equipos 'virtuales' usando internet, las redes sociales y otras tecnologías web 2.0. Un enfoque basado en equipos puede cambiar radicalmente el entorno organizativo y desafiar la cultura existente.

Los equipos pueden ser más o menos permanentes, internos o externos respecto de los departamentos o la organización. Pueden ser parte de la estructura organizativa o ramas individuales dentro de ella. También pueden estar compuestos por miembros de la organización o pueden incluir proveedores y clientes, así como personal contratado y consultores.

Mini-caso de estudio: Una gran organización del sector servicios decidió introducir nuevos sistemas de software en la compañía. Estos sistemas de software debían proporcionar mejor información de gestión a los directivos y mejor información sobre clientes para el personal de ventas. Se decidió constituir equipos multifuncionales cuya misión sería analizar las diferentes aplicaciones en relación con su propia función en el puesto de trabajo.

A los equipos se les proporcionaron, cuando fuera necesario, cierto número de consultores de la empresa o externos, que trabajarían en el proyecto. El objetivo de los distintos equipos era estudiar modos de conformar los paquetes de software:

a) fáciles de usar para el personal de ventas y dirección;
b) orientados a los clientes;
c) específicos para la compañía.

Los distintos equipos deberían:

d) reevaluar los procesos de negocio y los modos de trabajo;
e) evaluar los formatos de pantalla y rediseñarlos para facilitar contactos eficaces con los clientes;
f) identificar qué información adicional se precisaría acceder para crear relaciones más eficaces con los clientes;
g) identificar la información de gestión requerida al sistema.

Para muchos miembros del equipo esto significaba aprender sobre áreas desconocidas del negocio y sus modos de trabajo. Para trabajar eficazmente había que desarrollar un lenguaje y comprensión comunes.

Para los diversos individuos involucrados esto significaba que debían plantearse cuestiones para clarificar lo que no se entendía y compartir información basada en sus propias habilidades. Los equipos que no fueron capaces de crear una compartición de conocimientos eficaz generaron

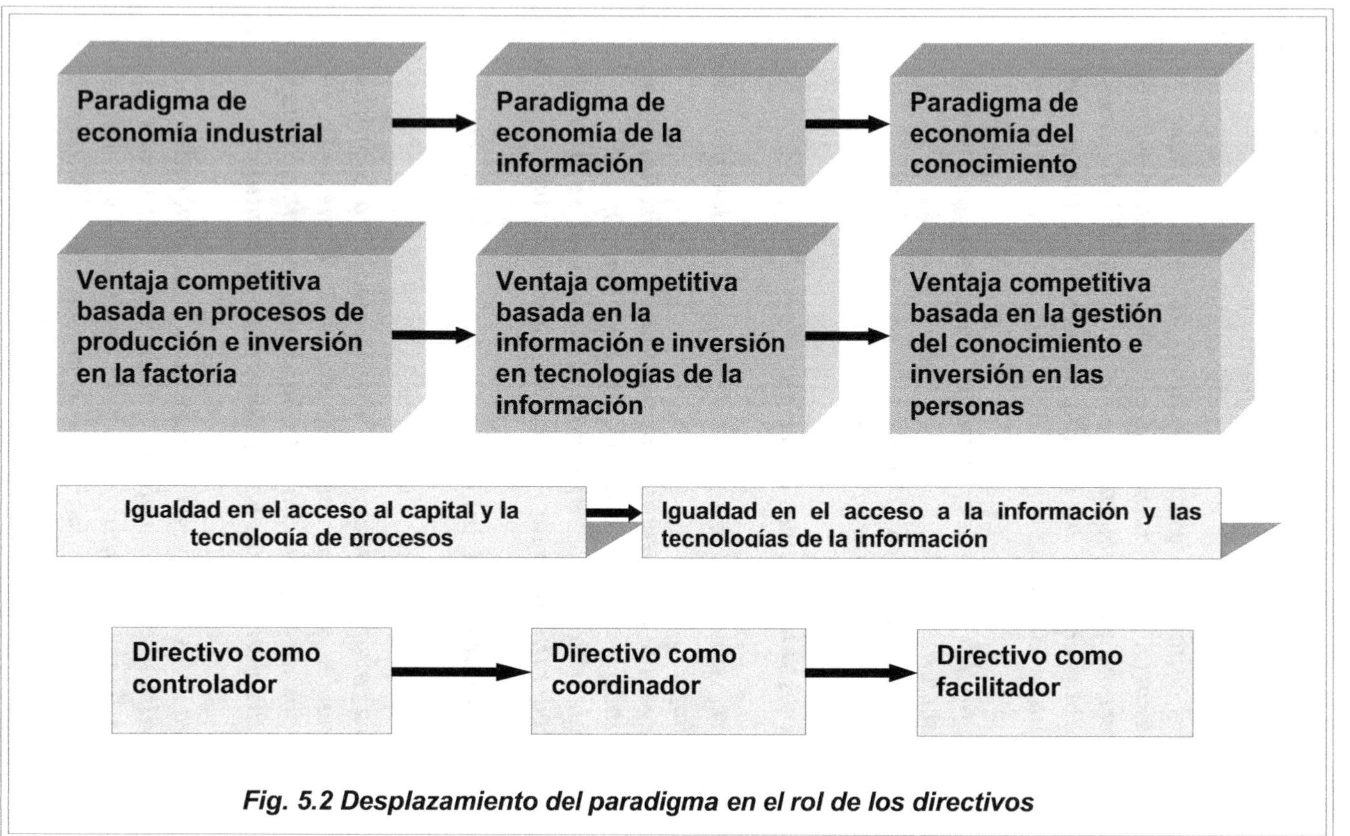

Fig. 5.2 Desplazamiento del paradigma en el rol de los directivos

154

*resultados inaceptables y se disolvieron. Los equipos
que fueron capaces de trabajar basándose en
sinceridad y confianza con apoyo mutuo y respeto a las
contribuciones individuales fueron también capaces de
generar los resultados deseados y continuaron con la
fase de resultados del proyecto.*

Un 'equipo permanente' podría ser un grupo de
trabajo específico. Un equipo transitorio debería ser un
equipo del proyecto, o un equipo establecido para resolver
un problema o un asunto concretos. Los equipos que
funcionen bien necesitarán:

*1). Comprender los puntos fuertes y las limitaciones
recíprocas como miembros del equipo.*

*2). Tener objetivos claros que sean acordados y
comprendidos.*

*3). Conocer cuáles son las expectativas de cada
miembro del equipo.*

*4). Tener objetivos establecidos para el equipo y sus
miembros.*

*5). Tener sistemas de comunicación claros, tanto
formales como informales.*

*6). Comprender los distintos roles dentro del equipo y
tenerlos asignados.*

Tradicionalmente, sería un papel del directivo hacer todo
ello. Sin embargo, en un entorno basado en el conocimiento
que incluye a individuos altamente capacitados, el equipo
mismo puede realizar varias de estas cosas. El papel del
directivo en tal entorno será usar su conocimiento sobre
trabajo en equipo para asegurar que esos asuntos sean
abordados. En términos de los diferentes roles dentro del
equipo, por ejemplo, presidir reuniones, seguimiento de

resultados, coordinación de actividades, no se requiere que el directivo asuma todas esas funciones y pueden ser asignadas al más capacitado para realizarlas. Esto puede ser difícil de asumir para los directivos si están acostumbrados, por ejemplo, a presidir reuniones en base a su 'posición'. Sin embargo, si no son competentes en presidir reuniones y otros miembros del equipos son mejores, renunciar a ese rol puede mejorar tanto su contribución como el funcionamiento del equipo. Este enfoque por parte de los directivos requiere la clase de autoconocimiento comentado en el Capítulo 4.

Al gestionar equipos de trabajadores del conocimiento, los directivos necesitan considerar cómo pueden:

1). Maximizar la aplicación de habilidades individuales a tareas relativas al conocimiento p. ej. la compartición voluntaria de conocimientos como forma de resolver problemas.

2). Asegurar que los miembros del equipo disponen de los mecanismos para compartir información electrónicamente y de la posibilidad de accederla.

3). Premiar la compartición precisa y abierta de información.

4). Promover la creación de redes y canales de comunicación informales tanto verbales como electrónicos.

5). Potenciar a los miembros del equipo, p. ej. en la asimilación y extrapolación de hechos relevantes de grandes cantidades de información en procesos de toma de decisiones.

6). Maximizar los procesos formales e informales de información de retorno para promover el intercambio de ideas en entornos constantemente cambiantes.

*7). Evolucionar cuestionándose las propias asunciones
básicas y adaptándose a los cambios internos y
externos.*

8). Actuar como agente del cambio para sus equipos.

*9). Equilibrar las 'tensiones' entre los enfoques internos
de los equipos y los requerimientos operativos de la
organización.*

En un entorno de conocimiento, podemos encontrar
situaciones en las que los miembros de un equipo sientan
que el director no añade valor alguno al proceso. Esto
puede suceder cuando el director no muestra un grado de
liderazgo eficaz. Alternativamente, puede ser que los
miembros del equipo sean muy individualistas en sus tareas,
y no cran necesario un líder del grupo. En este caso, a no
ser que el director posea alguna habilidad particular o
conocimiento detallado del área en cuestión, le será difícil
ganarse el respeto del equipo. En estas situaciones la
percepción es que el directivo ha sido 'impuesto' al equipo
por la organización por razones de jerarquía. El resultado
probable es que el director adopte un rol negativo de
'controlador', ya que no querrá reconocer que lo que sucede
está fundamentalmente más allá de su control. Y pronto
aparecerá el resentimiento, que interfiriere con la innovación
y la creatividad.

Para evitar que esto suceda, será preciso que el
director asuma las tareas que otros no quieren realizar, tales
como las de administración. Para los directores puede ser
un desafío complicado, tanto el reconocer que no añaden
valor en opinión del equipo, como el adoptar un rol de
'servidores del equipo'. Los directivos que no sean capaces
de encarar este desafío pueden constituir un serio
impedimento en un entorno de conocimiento. Parte de la
función de RR. HH. será identificar si se da esta
circunstancia. Esta situación se puede evitar permitiendo

que los equipos basados en conocimiento nombren o seleccionen a su 'director'.

Mini-caso de estudio: Al afrontar un importante cambio, una compañía del sector servicios introdujo la creación de equipos en su extenso centro de llamadas. La idea era reestructurar el centro de llamadas en equipos de 10 y hacer que cada grupo y su director salieran del trabajo por un día. El curso sobre constitución de equipos tenía lugar en un buen hotel en el campo, y combinaba las actividades en aulas con trabajo al aire libre. El curso comprendía estilos de aprendizaje, comunicación, y cómo incorporar lo aprendido en el puesto de trabajo. Se ofrecía una cena incluyendo la presencia del director del equipo. El objetivo era incrementar en los participantes su conciencia de los principios básicos de la creación eficaz de equipos así como hacerles notar que la compañía apreciaba su contribución.

Con el tiempo, con la introducción de nuevas tecnologías de información y nuevos modos de trabajo, se puso de manifiesto que las demandas de trabajo en equipo y compartición de información e ideas se habían incrementado significativamente. Se decidió que un día dedicado a constitución de equipos y un día de seguimiento no eran suficientes.

La organización introdujo varios mecanismos en los puestos de trabajo para enfatizar el trabajo en equipo. Se revisaron las especificaciones de trabajo de los directores para añadir el tutelaje en el propio trabajo y el desarrollo de equipos. Se promovió la cultura de equipo y entre equipos dentro de la organización por medio de:

a) cambios en el diseño físico del interior de los edificios de modo que la gente de diferentes departamentos pudiera mezclarse más libremente;

b) la introducción de equipos de 'acción' multifuncionales que observaran qué áreas podrían mejorarse dentro de la organización. Cada equipo de acción tenía 6 semanas para observar un área específica, localizar un directivo que patrocinase y suscribiese su idea, investigar y presentar sus conclusiones y los pasos subsiguientes.

Como complemento a los días dedicados a constitución de equipos y seguimiento, se introdujo un curso para quien fuera a formar parte de un equipo de acción. La asistencia al curso era obligatoria para poder formar parte de un equipo de acción. Esta vez, se educó a delegados sobre el modo de proporcionar habilidades, el logro de estas habilidades, uso de herramientas de toma de decisiones, reuniones creativas ('brainstorming') y técnicas de resolución de problemas. Se constituyó un curso intensivo de tres días impartido dentro de la empresa por dos profesionales de formación poseedores de conocimientos complementarios. También se dio soporte a cada nuevo equipo de acción. Un profesional de RR. HH. asistiría a la primera reunión y un directivo de línea patrocinador del equipo les apoyaría cuando fuera necesario.

Los resultados logrados por los equipos se publicaban en la publicación interna y en hojas informativas de la compañía y el equipo que lograra los mejores resultados recibiría también un premio en metálico.

Proporcionando a los miembros de los distintos equipos multifuncionales nuevas técnicas y herramientas para aplicar a sus conocimientos y experiencias combinados les dio la capacidad de tomar decisiones y resolver problemas de formas diferentes.

Equipos virtuales

La aparición de equipos virtuales es un rasgo distintivo del desarrollo de la economía del conocimiento.

Estos equipos forman más fácilmente por medio de las tecnologías web 2.0, incluyendo entornos virtuales para trabajos en cooperación y comunicaciones basadas en la web (p. ej. correo electrónico, videoconferencias, etc.).

Por su propia naturaleza, los equipos virtuales no precisan estar situados físicamente en un lugar y pueden incluir miembros a nivel global. Igualmente, los miembros no tienen que pertenecer necesariamente a la misma organización o depender de la misma estructura jerárquica.

Los equipos virtuales se basan en la comunidad de intereses. Pueden basarse en un proyecto en particular o en un área de interés particular. Los equipos virtuales pueden ser establecidos por una organización. Otros aparecen de modo desconocido por la organización.

Un ejemplo de esto último sería un equipo virtual de trabajadores del conocimiento involucrados en áreas similares de trabajo en diferentes organizaciones que comparten experiencia e información en la web o a través de redes sociales. Ello puede traer beneficios positivos para la organización aunque el equipo virtual no haya sido establecido por la organización y, en cierto sentido, los conocimientos se comparten 'libres de cargos'. Esta clase de equipos virtuales no oficiales reflejan un aspecto mencionado en el Capítulo 3 al comentar sobre las compensaciones, esto es, que el trabajo del conocimiento es con frecuencia interesante y satisfactorio. Facilitar y explotar estos intereses intrínsecos pueden constituir un beneficio positivo para las organizaciones. De todos modos hay que considerar que los imperativos de la competencia comercial aplicada a las organizaciones puede no ser lo más relevante en las mentes de los individuos que comparten información y experiencia en estos equipos virtuales. El conflicto potencial entre una sociedad basada en el conocimiento y el modelo competitivo comercial es interesante pero desafortunadamente, está fuera del ámbito de este libro.

El uso de equipos virtuales en una organización plantea cuestiones específicas además de las relativas a equipos normales. Estas son principalmente:

1). Asegurar el acceso a bases de datos de información común. Puede tratarse de información básica para investigación así como espacio virtual para los trabajos en marcha.

2). Mantener el trabajo encarrilado hacia los objetivos acordados. La falta de contacto con la organización puede conducir a que los equipos pierdan de vista los objetivos iniciales.

3). Establecer protocolos de comunicación acordados, tanto técnicos como de comportamiento. Esto último es particularmente importante en equipos globales donde los malentendidos interculturales pueden aparecer fácilmente. Y es también importante cuando las comunicaciones se basan predominantemente en correo electrónico debido a la falta de 'tono' y 'contexto' de los mensajes.

Gestión de las comunicaciones internas

En el capítulo 4 sugerimos que las ideas creativas de una persona son con frecuencia el resultado de enlazar diferentes tipos de información por medio de asociaciones. Si analizamos esto desde el punto de vista de una organización, el proceso de innovación puede verse como la creación de una idea y su evaluación y conversión en algo que puede ser vendido y entonces re-evaluado en función de su éxito. Las habilidades de gestión y comunicación en trabajos de equipos globales e interfuncionales son vitales para maximizar la posibilidad de innovación y el retorno de inversión para la organización así como para su posición estratégica.

En un entorno que enfatiza la compartición de información y la aplicación de los conocimientos y habilidades de los individuos y los equipos, la comunicación interna eficaz tiene una prioridad estratégica. Como agente clave en el ámbito de las comunicaciones internas, parte del rol de RR. HH. en un entorno de conocimiento será garantizar esta prioridad.

En este contexto, las comunicaciones suponen la transmisión y recepción de información así como la información de retorno. Es sorprendente cuántas organizaciones han centrado su inversión en comunicaciones en asegurar una comunicación eficaz de arriba a abajo, ¡con escaso interés en el proceso inverso!

Unas comunicaciones internas eficaces suponen asegurar que la información correcta llega a la persona adecuada en el momento adecuado. Sin embargo, en esta idea está implícito el que alguien determine cuál es la información correcta y cuál es el momento adecuado. Cuando las comunicaciones se orientan de arriba a abajo, estas decisiones las toma normalmente la persona que proporciona la información. Un entorno de conocimiento requiere lo contrario. En un entorno de conocimiento el 'momento adecuado' y la 'información adecuada' se determinan por las prioridades del trabajo del trabajador del conocimiento.

La percepción de este hecho ha llevado a algunas organizaciones basadas en el conocimiento a adoptar prácticas de comunicación extremadamente abiertas, incluyendo la circulación de las agendas y actas de los directivos así como actualizaciones regulares de las actividades de la compañía. Esto es lo contrario al enfoque tradicional de la 'necesidad de saber'. Adoptar prácticas muy abiertas tiene también sus inconvenientes. Presenta cuestiones relativas a la confidencialidad, en particular sobre entornos comerciales sensibles o áreas de políticas públicas. También requiere esfuerzos adicionales e incrementa la cantidad de información que fluye a través de la organización.

Un enfoque abierto de las comunicaciones internas implica un elemento de riesgo. Al evaluar estos riesgos y determinar el grado de apertura es importante no adoptar de modo inadvertido paradigmas de gestión obsoletos. Por ejemplo, mencionar la sobrecarga de información como

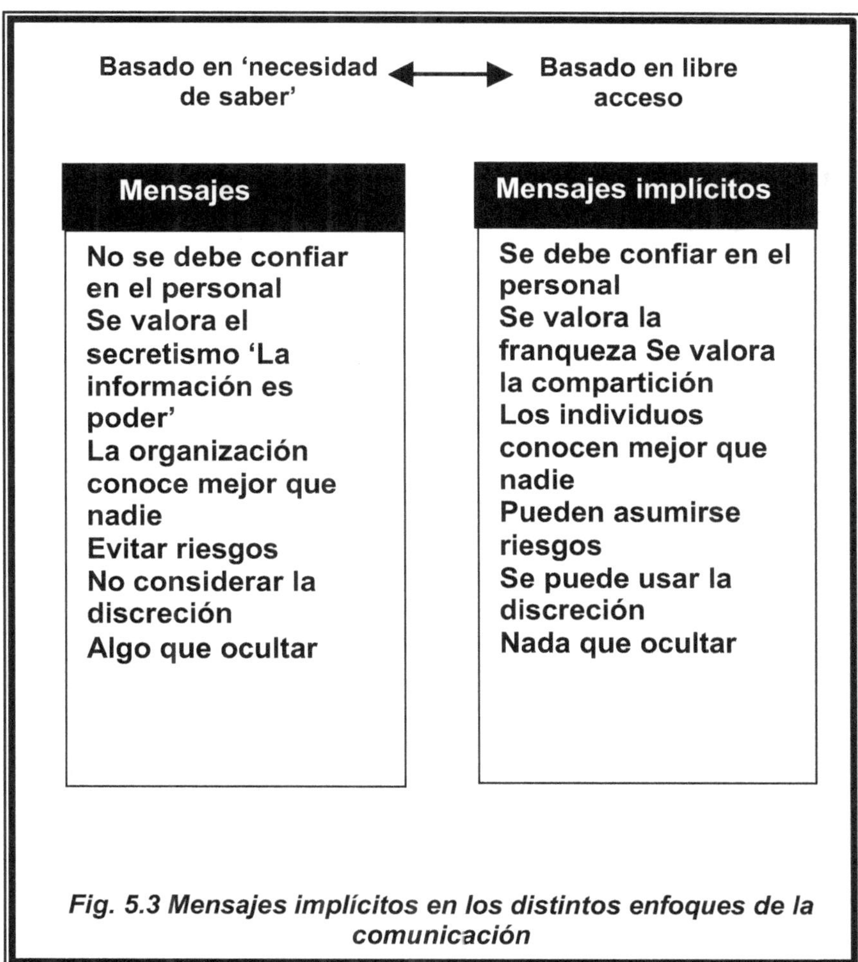

Fig. 5.3 Mensajes implícitos en los distintos enfoques de la comunicación

razón para no incrementar la cantidad de información comunicada regularmente, ignora la aptitud de los individuos para filtrar lo que reciben. Sería un error asumir que una persona se distraerá de su trabajo por causa de la información adicional o por sentir que debe leerlo todo. La idea de leerlo todo se basa más en una cultura de burocracia, de 'protegerse las espaldas' que en una cultura de gestión del conocimiento. La experiencia nos muestra que los trabajadores del conocimiento determinan rápidamente qué cosas necesitan leer y cuáles pueden ignorar sin problemas. Lo importante es que han decidido por ellos mismos y no se les ha negado la oportunidad de acceder a la información si la precisan.

Un enfoque para determinar las prácticas sobre comunicaciones en un entorno de conocimiento es establecer los principios básicos sobre qué estará o no estará disponible de modo abierto y usar la presunción en favor de comunicar más que de ocultar la información. Un ejemplo se muestra en la Fig. 5.4.

Al indicar claramente que será o no será comunicado internamente los individuos trabajadores del conocimiento sabrán lo que pueden esperar. Aunque puedan no estar de acuerdo sobre algunas de las decisiones sobre lo que podría no ser comunicado, comprenderán las razones de la decisión y sentirán que son tratados como adultos.

El uso de la tecnología se ha convertido en parte integral de nuestras comunicaciones, tanto dentro de una organización, como por enlaces externos fuera de los parámetros de la organización. Se trata de una herramienta que puede incrementar el éxito de la organización. Sin embargo, es también una herramienta que no tiende de por sí a ser gestionada de modo jerárquico. La velocidad y el volumen de las comunicaciones han centrado asimismo la atención en los aspectos humanos del proceso, ya que las comunicaciones deficientes no pueden atribuirse ya a la mecánica del proceso.

El papel de RR. HH. en las comunicaciones internas es por tanto significativo. Esto implicará:

1). Llevar a cabo una auditoría inicial de las comunicaciones. Ello puede hacerse con encuestas y

*puede ayudar a identificar los 'puntos negros' de las
comunicaciones (p. ej. que los empleados a tiempo
parcial no reciba alguna información), las fuentes de
información preferidas por el personal, la credibilidad
de las distintas formas de información, etc.*

*2). Desarrollar una estrategia de comunicaciones.
Puede hacerse por un equipo multidisciplinar con RR.
HH. contribuyendo con su conocimiento de
experiencias en otros lugares así como con su
comprensión de los aspectos culturales y de dirección.*

*3). Asegurar que la información de RR. HH. es
comunicada eficazmente.*

*4). Asegurar que existe una comunicación hacia arriba
y hacia abajo, incluyendo el desarrollo de información
de retorno eficaz sobre el comportamiento de la
dirección y la compartición de conocimientos, p. ej.
usando encuestas de la actitud del personal,
desarrollando un sistema de reconocimiento complete.*

*5). Asesorar y abordar los problemas prácticos que
generan las comunicaciones electrónicas (e-mail,
redes sociales, etc.).*

*6). Diseñar sistemas de reconocimiento y recompensa
para valorar las prácticas positivas en comunicaciones
y compartición de información.*

*7). Proporcionar formación y desarrollo en prácticas
eficaces de comunicación.*

Resumen

El desarrollo de una economía basada en el
conocimiento proporciona a los trabajadores del
conocimiento el poder que surge de la habilidad de resolver
contingencias críticas para la organización. Esto supone un
desafío para las relaciones de poder existentes dentro de
las organizaciones. Y significa que los trabajadores del

Cada miembro del personal tendrá acceso a la siguiente información:

- Información relevante para su propia área de trabajo y el trabajo de su departamento
- Actas y agendas de los grupos de dirección
- El informe anual
- Resultados y encuestas de personal
- Planes de trabajo e informes de progreso de los grupos de proyectos
- Información conservada personalmente sobre ellos por parte de la organización
- Objetivos y prioridades establecidos para todos los departamentos
- Actas o resúmenes de las reuniones de dirección
- Resúmenes de informes sobre la organización en los medios de comunicación
- Progresión financiera e información presupuestaria

Los miembros del personal no tendrán acceso a la siguiente información:

- Información personal sobre colegas mantenida por la organización
- Información sensible sobre precios de las acciones
- Información relativa a negociaciones en curso con clientes o proveedores
- Información cuya divulgación sea ilegal
- Información relativa a ofertas
- Información relativa a planificación de escenarios sobre las que no se ha decidido y cuya divulgación podría suponer inquietud en la industria
- Información comercial sensible cuya divulgación pudiera perjudicar las perspectivas futuras de la organización
- Información relativa a reclamaciones contra la organización

Fig. 5.4 Ejemplo de declaración de intenciones sobre comunicaciones

conocimiento serán capaces, cada vez más, de exigir ser dirigidos en modos aceptables para ellos.

Para los directivos, esto supone un desplazamiento de paradigma en el que se vean más como facilitadores que como controladores. El papel de RR. HH. será apoyarles en esa transición. El cambio en las relaciones de poder afectará también al papel de RR. HH. y sus funciones. Moverá ese papel más hacia enfoques flexibles, centrados en el empleado y basados en modelos consensuados de gestión.

Un gestor eficaz en un entorno de conocimiento apoyará la adquisición y compartición de información y experiencia:

1). Alentando a los individuos a usar sus conocimientos y experiencia.

2). Facilitando la innovación y creatividad y fomentando nuevas ideas.

3). Representando los intereses de los equipos y los individuos ante la organización.

4). Apoyando el trabajo de los equipos ´tanto físicos como virtuales.

Todo ello implica comprensión de los individuos y los equipos y disposición a la apertura a nuevas ideas y desarrollos. La necesidad de compartir ampliamente la información hará asimismo de las comunicaciones eficaces una prioridad estratégica para los directivos y para RR. HH.

La gestión en un entorno de conocimiento, corporativamente por medio de las normas y procedimientos de RR. HH. a nivel individual y de equipos, será juzgada por su capacidad para alentar y permitir a los individuos 'aplicar su conocimientos en beneficio de la organización'.

Lista de verificación 5

1. ¿Cómo han cambiado las relaciones de poder dentro de su organización en los últimos años?

2. Los modos de ejercer el poder por parte de los directores de su organización ¿son percibidos como acoso o como legítimos por el personal?

3. Sus tácticas y procedimientos de RR. HH. ¿se basan en 'hacer cosas a la gente' o 'hacer cosas para la gente'?

4. Los directivos de su organización ¿describirían su rol como de soporte o de control del personal?

5. Los directivos ¿asumen la responsabilidad de vender ideas e innovaciones de su personal dentro de la organización?

6. El trabajo en equipo ¿está imbricado en el modo de abordar los problemas de la organización?

7. ¿Son los equipos alentados a autodirigirse y capaces de hacerlo?

8. ¿Se fomenta la creación de redes electrónicas formales e informales?

9. ¿Tiene una estrategia de comunicaciones enfocada a favorecer la compartición de información?

10. ¿Tiene protocolos de comportamiento comunes para el uso de medios electrónicos de comunicación distribuidos para todo el personal?

Capítulo Seis

Casos de estudio

Nota de los autores: Estos casos de estudio aparecieron en la primera edición de este libro en 2000. Reflejan las prácticas en aquel momento. Aunque ambas organizaciones hayan evolucionado y cambiado desde entonces, muchas de las lecciones siguen siendo relevantes, y por tanto se han incluido los casos de estudio, sin revisiones, en esta versión revisad.

Atomic Weapons Establishment (AWE)

Los autores desean dar las gracias al Dr. Peter Roberts of AWE, que proporcionó la información para este caso de estudio.

Antecedentes

AWE es una extensa organización que emplea a 5000 personas aproximadamente. Se dirige y opera en nombre del Secretario de Estado de Defensa del Reino Unido por Hunting-Brae Ltd., un consorcio formado por Hunting Engineering Ltd., Brown and Root Ltd. y AEA Technology Plc. Se trata de un acuerdo de gestión, no de una privatización, que comenzó en 1993. Aunque AWE tiene considerable experiencia y conocimientos en el área de armas nucleares es asimismo un centro de investigación de nivel mundial, proporcionando aplicaciones científicas y tecnológicas innovadoras a la industria y el comercio.

Caso de studio

AWE publicó un plan estratégico en la primavera de 1999 como culminación de un ejercicio de planificación estratégica que afectaba a un gran número de empleados. El plan estaba orientado a incrementar el énfasis en los procesos de negocio e identificó la necesidad de gestión del conocimiento a nivel corporativo. Este plan reflejaba la importancia creciente del compromiso de la alta dirección y el consejo de administración, que lo consideraron crucial para el éxito futuro de la organización. Se encargó al Dr. Peter Roberts el desarrollo de la estrategia.

Asumiendo la iniciativa del proceso corporativo de planificación estratégica, el Dr. Roberts adoptó un enfoque que incluía soporte de consultores, profesionales experimentados y empleados comprometidos por medio de la intervención de RR. HH. en 'foros de gestión' y grupos de interés.

AWE comenzó por adquirir una comprensión mayor del asunto, filtrando las distintas definiciones y puntos de vista. Esto implicaba:

a) involucrar a un consultor que proporcionase material introductorio y guías;

b) asistir a un curso práctico de gestión del conocimiento;

c) visitar algunas organizaciones relevantes con procesos de gestión del conocimiento ya establecidos.

Para clarificar el 'lenguaje' de la gestión del conocimiento, se adoptaron las definiciones siguientes:

1). Conservación del conocimiento – captura y archivo de conocimiento.

2). Auditoría de conocimiento – el proceso de identificar qué conocimientos posee ya la organización y dónde puede encontrarse, así como el conocimiento que la organización necesitaba pero no tenía aun.

3). Conocimiento explícito – conocimiento en modo accesible, p. ej. en informes.

4). Conocimiento tácito (implícito) – conocimiento no accesible públicamente, p. ej. en las mentes de las personas.

5). Gestión de activos intelectuales – que cubre la gestión de la propiedad intelectual, patentes, derechos de autor, etc.

Los casos de estudio de las experiencias de otras organizaciones les permitieron percibir las razones por las que algunas iniciativas en gestión de conocimiento no tuvieron éxito. Las principales razones identificadas fueron:

a) no enlazar dichas iniciativas con las estrategias de la compañía;

b) la incapacidad de los empleados para percibir un valor directo en su trabajo cotidiano;

c) falta de un marco de trabajo global;

d) falta de compromiso por parte de la alta dirección en términos de asignación de recursos.

Como resultado de las investigaciones, se adoptó un modelo de gestión del conocimiento que se muestra en la Fig. 6.1 más abajo.

Las distintas etapas de la jerarquía mostrada en la Fig. 6.1 fueron descritas por el Dr. Roberts usando la analogía de una persona tocando la guitarra. La etapa de 'datos' sería el tener una guitarra, la etapa de 'información' sería usar una guía de instrucciones como ayuda para aprender cómo tocar la guitarra, la etapa de 'conocimiento' sería ser capaz de tocar la guitarra – poseer la experiencia – y finalmente la etapa de 'sabiduría' sería darse cuenta de que no llevarías una guitarra contigo a un pub de ambiente bronco a las 12 de la noche. Para asegurar un amplio apoyo y comprensión de las ideas de gestión del conocimiento, el Dr. Roberts organizó un 'foro de gestión' con la presencia de representantes de toda la organización. Las actividades del foro serían:

1). Aumentar la concienciación sobre las cuestiones de gestión del conocimiento que fueran relevantes para AWE.

2). Identificar y asignar prioridades a estas cuestiones.

3). Decidir las acciones requeridas.

4) Abordar la estrategia.

Para poder satisfacer los objetivos propuestos, el plan de actividades del foro incluyó un curso intensivo sobre gestión del conocimiento.

Los miembros del 'foro de gestión' hablaron sobre qué significaba para AWE la gestión del conocimiento, los problemas derivados y el status que se les debía asignar. Acordaron los objetivos para el enfoque que AWE daría a la gestión del conocimiento así como una definición, en términos amplios, de los conocimientos únicos que la organización poseía. También se identificaron enlaces con:

1). Capacidades (la combinación de personas, equipamientos, instalaciones y conocimiento).

2). Otros procesos de negocio.

3). Cuestiones relativas a RR. HH. tales como formación, tutorías, calificaciones, estrategias de reconocimiento, etc.

El foro dirigió después su atención a cuestiones culturales presentes en AWE. Era una organización que comprendía un gran número de especialistas altamente valorados en sus campos – 'gurus' en sus áreas de experiencia.

Como en otras muchas organizaciones, el conocimiento se entendía como poder y el compartir conocimiento no siempre se premiaba explícitamente. La compartición exige tiempo (p. ej. el tiempo para ponerlo por escrito, presentarlo, etc.). El foro reconoció también la necesidad de abordar la tensión inherente entre la necesidad de trabajo en equipo y el deseo de ser únicos.

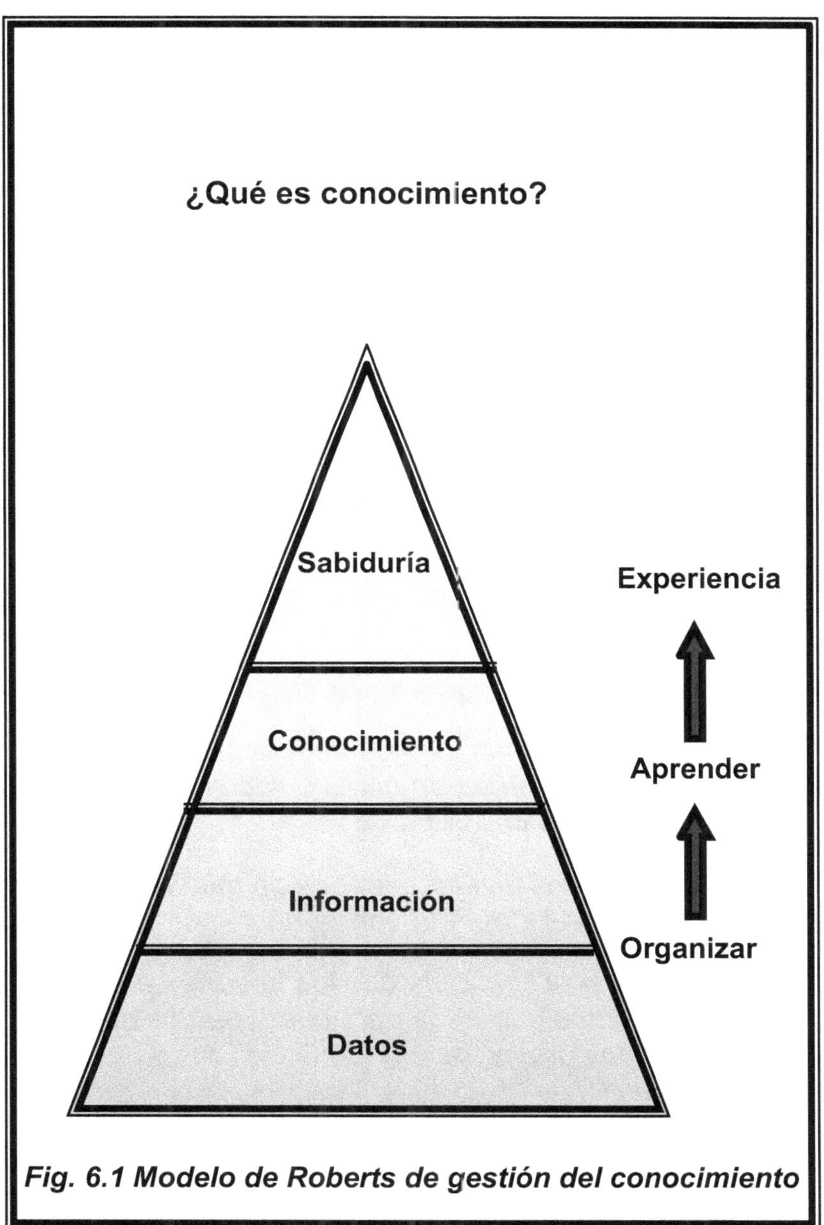

Fig. 6.1 Modelo de Roberts de gestión del conocimiento

Se identificaron los elementos que podrían apoyar la gestión de conocimiento, entre ellos:

1) Globalización (no reinventar la rueda).

2) Fusiones que podrían conducir a una mayor compartición de conocimiento

3) Mejor acceso a investigación y desarrollo.

4) Tecnología de ámbito mundial.

Algunos impulsores y cuestiones de gestión de conocimiento específicos de AWE hacían necesario:

1) Capturar, organizar y verificar clases específicas de datos históricos.

2) Asegurar que las nuevas contrataciones empezaran a ser productivas con más rapidez.

3) Asegurar que se registrara lo realizado por las nuevas contrataciones.

4) Niveles de seguridad y sus implicaciones.

5) Cubrir las diversas fuentes de información – p. ej. bibliotecas, cuadernos de notas y documentación sobre gestión de calidad.

6) Considerar los diversos grados de madurez y cobertura de las intranet departamentales.

7) Considerar el hecho de que los informes eran generados más que nada para cubrir puntos de control de los proyectos.

8) Desarrollar un proceso sistemático para entrevistar al personal clave antes de su jubilación.

El forum incluía diálogos sobre el uso de tecnologías de la información para el soporte de la gestión del conocimiento. Las intranets han sido y seguirían siendo importantes para la gestión del conocimiento en AWE.

Los miembros del foro trabajaron en grupos sobre las diez principales necesidades de conocimiento en AWE. A cada grupo se le asignó un área diferente sobre la cual trabajar. Estas áreas se centraron en:

a) qué era necesario para adquirir y registrar nuevos conocimientos de modo fácilmente accesible;

b) las acciones necesarias para localizar y conservar el conocimiento existente (implícito y explícito) de modo fácilmente accesible;

c) métodos de compartir y explotar eficazmente los conocimientos de la compañía.

En estas áreas, los miembros deberían identificar las barreras que habría que salvar y estudiar qué acciones, locales y corporativas, harían falta para implantar sus sugerencias. También se les pidió que consideraran si veían alguna ventaja rápida que pudiera mejorar el perfil de la gestión del conocimiento dentro de la organización y tener en cuenta en qué casos las herramientas de gestión existentes podían usarse para mejorar la gestión del conocimiento. Se asignaron prioridades a los resultados de este trabajo para constituir un plan de acción para la organización.

Prácticas actuales

En AWE los métodos que se han implantado para motivar y retener a los trabajadores del conocimiento varían en distintas partes de la organización, pero incluyen:

a) sistemas de reconocimiento variados;

b) promoción – por dos rutas. Una es técnica, y proporciona reconocimiento a los individuos por sus méritos técnicos. La otra es la de dirección técnica;

c) paga por méritos (basados en las opiniones sobre rendimiento, potencial y valor de negocio);

d) apoyo para asistencia y presentaciones en conferencias y adquisición de calificaciones adicionales;

e) modos de trabajo flexibles (lo cual es altamente valorado);

f) asignaciones (p. ej. en USA).

Creatividad e innovación son promovidas por medio de:

a) ausencia de críticas a las personas;

b) escuchar y alentar;

c) un esquema de premios a la excelencia;

d) reconocimiento por la presentación de trabajos académicos publicados.

Se ha reconocido que el contrato psicológico ha cambiado en AWE y que la lealtad apunta más al trabajo bien hecho en apoyo de los objetivos corporativos, que para la organización local superior.

Para garantizar información de retorno del personal en todos los aspectos de negocio de la compañía, se usan los métodos siguientes:

1). Encuestas de actitud del personal.

2). Grupos de interés.

3). Reuniones de equipo.

4). Reuniones de personal.

5). Visitas informales de la alta dirección a los lugares de trabajo.

6). Esquema de sugerencias.

La responsabilidad primaria de las previsiones de requerimientos futuros de conocimientos y habilidades recae en los directivos de primer nivel. Los departamentos de RR. HH. proporcionan formación en habilidades de negocio. El Dr. Roberts (en el momento de escribir este libro) está involucrado en el proceso de organizar un análisis de necesidades de conocimiento como parte de la identificación los requerimientos futuros de conocimiento. Se ha propuesto hacerlo en forma de 'franquicia' siendo los departamentos de línea los que lo lleven a cabo.

El enfoque de contrataciones de la organización ha cambiado en los últimos años de la contratación general (p. ej. con prospecciones en las universidades) a la contratación para vacantes específicas. Sin embargo se ha establecido un equilibrio entre éste y un enfoque más general. Este equilibrio parece que incrementa las posibilidades de contratar a buenos candidatos para los puestos vacantes en el momento oportuno.

Se han adoptado las tácticas siguientes para asegurar que los conocimientos y habilidades de los empleados no se vuelvan obsoletos y desactualizados:

1). Compromiso de un continuo desarrollo profesional formal.

2). Reeducación.

3). Confianza en los individuos para que gestionen sus propias necesidades de desarrollo.

4). Recursos de aprendizaje o bibliotecas técnicas internas.

5). Formación.

6). Revisiones recíprocas entre colegas ('inter pares').

Captar los conocimientos de las personas que se marchan de la organización requiere invitar a los individuos a que tengan presentaciones filmadas en video antes de que se vayan y también proporcionarles la oportunidad de que escriban sobre sus trabajos relevantes y dejen registradas experiencias específicas. AWE está considerando también adoptar el enfoque de llevar a cabo 'entrevistas supervisadas' que estarían basadas en sesiones grabadas de preguntas y respuestas.

La atención en los detalles, reflejada en este caso de estudio, es indicativa del enfoque adoptado en AWE para la gestión del conocimiento.

British Maritime Technology Limited

Los autores quieren dar las gracias a Andrew Docherty, Director Corporativo de Servicios de BMT Group, que porporcionó la información para este caso de estudio.

Antecedentes

BMT se formó como Research and Technology Organisation (RTO) en 1985 por la fusión del privatizado National Maritime Institute y el British Ship Research Association. En su calidad de RTO operaba independientemente de la industria y el Gobierno, aunque siguiendo los objetivos del Gobierno de usar sus conocimientos heredados para transferir tecnología a la industria y gobiernos a nivel mundial. BMT ha tenido que pasar por una transición cultural y organizativa, de agencia de investigación a empresa orientada al comercio. Actualmente tiene una facturación superior a 40 millones de libras (1997/98) y emplea a unas 700 personas en todo el mundo.

Caso de estudio

Andrew Docherty ve la gestión del conocimiento como el proceso de transferir conocimiento de un lugar a otro y resolver así un problema rápida y eficazmente. Sostiene que el conocimiento no tiene poder por sí mismo. Sólo tiene poder tras una decisión y acción humanas. En términos generales, cree que se podría argumentar que todos los profesionales son trabajadores del conocimiento. Sin embargo no calificaría como trabajadores del conocimiento a los profesionales que trabajan individualmente. Para él, un trabajador del conocimiento es un individuo trabajando como parte de un equipo.

Ve los impulsores tras la gestión del conocimiento, en importancia creciente, como la necesidad de:

1). Incrementar la eficiencia.

2). Reducir el riesgo.

3). Incrementar la productividad.

4). Abordar cuestiones ambientales complejas.

Aunque debe adoptar una visión estratégica de la gestión del conocimiento, cree que la responsabilidad de la gestión del conocimiento reside en cada persona dentro de la organización. Con este enfoque, la responsabilidad estratégica es promover un entorno dentro de la organización que nutre y crea una cultura de confianza en el que las ideas pueden ser libremente compartidas y "tratar a la gente como adultos".

Lo siguiente es un ejemplo de gestión del conocimiento eficaz que surge de esa cultura de compartición y confianza relacionada con un caso específico en BMT donde la fertilización cruzada de ideas tuvo lugar y condujo a un enfoque totalmente nuevo.

Un reducido equipo de especialistas técnicos hablaba sobre cómo podrían resolver un problema particularmente difícil. Otro especialista técnico, de un ámbito totalmente diferente trabajaba en las proximidades y quedó fascinado por lo que oía. Empezó a darse cuenta de que aplicando los conocimientos que tenía en su área de especialización al área de los otros, podrían alcanzar una solución. Así que se acercó y se unió al grupo ofreciendo sus reflexiones. La solución resultante nunca se había aplicado antes y tuvo tanto éxito que se puso por escrito y fue presentada en un documento científico de modo que otros pudieran compartir y usar su trabajo.

BMT promueve también la creatividad y la innovación otorgando responsabilidad a la gente y permitiéndole hacer el trabajo de forma distinta. Andrew Docherty citó el ejemplo de dos personas que realizaban la misma tarea, estaban igualmente cualificados pero hacían el trabajo de modo distinto. Sintió que, siempre que lo que hicieran funcionase, y mantuviesen los parámetros adecuados, estaba bien, ya que no impactaba en la creatividad personal. Igualmente,

BMT no penaliza a sus empleados por cometer errores. Sin embargo, sí les penaliza si no aprenden de sus errores y cometen el mismo error otra vez. Con esta actitud, siente que se estimula a la gente a probar nuevas formas de hacer las cosas. Y también se les estimula a que pidan ayuda. Si un empleado tiene una buena idea, BMT está dispuesta a financiarla, incluso aunque quede fuera del ámbito básico de BMT (en tales casos consideraría un posible proyecto conjunto con otra organización). También tienen establecida una competición anual para el mejor documento científico o técnico con un premio de 1000 libras.

Muchas personas en BMT trabajan en equipos que cambian constantemente. De modo que una persona puede estar un día dirigiendo un proyecto y a un grupo de especialistas, y el día siguiente esta misma personas podría ser especialista en otro equipo de proyecto llevado a cabo por uno de los miembros de su equipo.

BMT valora este aspecto como una forma importante de esparcir conocimientos específicos entre los individuos y reducir las barreras a cualquier conocimiento técnico específico y su lenguaje. Este mismo enfoque flexible se pone de manifiesto en sus métodos de trabajo. En el pasado tenían un sistema formal de horario flexible pero encontraron que era contraproducente ya que las personas contaban las horas. Ahora se estimula a las personas a que trabajen las horas necesarias y si es mejor para ellas hacerlo trabajando en casa, pueden hacerlo, siempre que apliquen el sentido común.

En relación con la contratación, BMT pone su prioridad en la contratación de personas de alta cualificación con habilidades y conocimientos específicos. Incluso si no hay vacantes, si ven a alguien sobresaliente, lo emplean y dejan que una tarea 'evolucione' para la persona.

Internamente BMT usa e-mail y los empleados pueden acceder a bases de datos compartidas. Actualmente BMT está considerando también introducir una intranet y disponen de un sitio web externo.

La paga en BMT se determina a nivel individual de forma que cada uno puede incrementar su paga dependiendo de cuál sea la contribución realizada. El sistema de pagas también fomenta la compartición de ideas con premios por méritos, que implican la valoración de las aptitudes de un individuo para trabajar con otros. Esto se mejora con esquemas de compartición de beneficios en todas las compañías operativas de modo que el personal recibe un 25-30% de todos los beneficios antes de impuestos. En lo relativo a promociones, promueven a especialistas al igual que promueven a personas con responsabilidades dirección. El personal de BMT tiene también participación financiera en la propiedad de la organización, conformada en una mutualidad de beneficios para los empleados (Employee Benefit Trust o EBT), lo cual se ejerce por un esquema de compartición de beneficios de segundo nivel que se aplica a todo el personal del grupo de compañías BMT con más de tres años de servicio.

La nueva constitución que transfirió la propiedad de la organización a la EBT se introdujo en 1998. El cambio significaba que se convirtió en una organización independiente dentro de la industria pero con propiedad y gestión de los empleados. Andrew Docherty describió la nueva constitución como destinada a proporcionar:

"…un marco vital que atraiga y retenga a nuestros ingenieros de categoría mundial, arquitectos navales, científicos y directivos y asegure que seguimos creciendo como organización líder basada en el conocimiento".

Parte de la lógica detrás de este cambio era fomentar una asociación distintiva con todos los empleados de BMT así como mantener la independencia, imparcialidad y libertad de pensamiento en relación con sus investigaciones y sus desarrollos La cultura diferenciada que surgiría de esta forma de propiedad se valora a nivel de alta dirección como clave para la misión de BMT y el éxito futuro ya que BMT depende de equipos centrados y establecidos compuestos de individuos innovadores y dedicados.

La implicación, desarrollo y participación de todos los empleados se formalizó en el acto de convertirse en mutualidad de beneficios para los empleados (EBT) y se fomenta continuamente. Se ofrecen becas y experiencia laboral a estudiantes aun no licenciados que estudian carreras relativas a conocimientos esenciales tales como arquitectura naval. Se ayuda a los graduados que se unen a BMT para que obtengan su status formal de ingeniero colegiado. Se estimula también la formación en dirección en todos los niveles y la organización tiene un fuerte compromiso con respecto al desarrollo profesional continuo. Se espera que las personas que trabajan para BMT estén motivadas en relación a su desarrollo personal y profesional y que se comprometan personalmente con su propio desarrollo.

Convertirse en un EBT ha fomentado la continuidad en el servicio y la lealtad que a su vez son consideradas importantes en un entorno de conocimiento ya que permiten a BMT basarse en sus habilidades técnicas y de gestión y construir relaciones a largo plazo con sus clientes.

> *"Al otorgar reconocimientos, las acciones individuales de los directivos son tan importantes como los procedimientos y procesos organizativos."*

Bibliografía

Para ayudar con lecturas ulteriores, los textos listados en esta bibliografía se han categorizado bajo cabeceras de capítulo específicas. Hay que hacer notar que algunos de los textos listados bajo cabeceras de capítulo específicas podrían ser también de interés general más amplio o estar relacionados con varios capítulos; sin embargo, en beneficio de la brevedad hemos evitado que se mencione un texto más de una vez.

Capítulo 1 Gestión del conocimiento y cultura organizativa

DTI White Paper (1998) Our Competitive Future: Building the Knowledge Driven

Ryle, Gilbert (1976) The Concept of Mind, Penguin (ISBN 0140550291)

Locke, John (1979) An Essay Concerning Human Understanding, Oxford University Press (ISBN 0 19 824595 5)

Hume, David (1980) A Treatise of Human Nature, Oxford University Press (ISBN 019 824588 2)

Hamel, Gary (Winter, 1998) Opinion, Strategy, Innovation and a Quest for Value, Sloane Management Review Vol.39 No 2 Pages 7 -14

De Geus, Arie, (1997) The Living Company, Harvard Business School Press

Drucker, Peter (1994) 'Innovation and Entrepreneurship' Butterworth Heineman (ISBN0 7506 1908 2)

Dauphinais, William & Price, Colin, (1998) Straight from the CEO, Nicholas Brealey Publishing Limited (ISBN 1857881958)

Faure, M & Faure L, (1996) The Success Culture, FT Pitmans Publishing (ISBN 0 273 621998)

Harrison, Roger (1987) 'Organisational Culture and Quality of Service', London, Association for Management Education and Development (ISBN 1870469003)

Gates, Bill (1996) 'The Road Ahead', Penguin, (ISBN 0 14 024351 8)

Davenport T and Prusack, L (1997) 'Working Knowledge - How organisations manage what they know' Harvard Business School, Boston MA (ISBN 0875846556)

Capítulo 2 Adquirir y retener el conocimiento

Bridges, William, (1995) 'Jobshift - How to prosper in a workplace without jobs', Allen & Unwin (Australia) Nicholas Brealey Publishing Limited (UK) (ISBN 1857880617)

Allinson, C. W and Hayes, J (1996) 'The Cognitive Styles Index: A Measure of Intuition - Analysis for organisational Research', Journal of Management Studies, Oxford Vol 33: No 1, pages 119 -35

Storey, John (ed) (1993) 'New perspectives on Human Resource Management', Routledge (ISBN 0415010411)

Hunter J.E and R. "Validity and Utility of Alternate Predictions of Job Performance" Psychological Bulletin vol. 96 pp 72-88. 1984 - study on validity coefficients for different selection methods

Flecter, C, Blickhorn, S and Johnson, C 'Personality Tests: The Great Debate' Personnel Management, London September 1991, Vol 23, No 9, pages 38 -42

Capítulo 3 Premiar el conocimiento

Tyson, Shaun (ed) (1995) 'Strategic Prospects for HRM' Institute Personnel Development, London (ISBN 0 85292 578 6)

Harvey-Jones, John (1989) 'Making It Happen –Reflections on Leadership', Fontana (ISBN 0 00 637409 3)

Sadler, Philip (1993) 'Managing Talent', The Economist Books Ltd (ISBN 0 7126 9857 4)

Capítulo 4 Desarrollo del conocimiento

Megginson, David & Clutterbuck, David, (1995) 'Mentoring in Action', Kogan Page Limited (ISBN 0749413905)

De Geus, Arie (Winter 1998) 'A Recipe for success in the New Economy', Washington Quarterly

Lewis, Jane (May 1999)' Power of the People, Innovation Special, HR's Challenge', Personnel Today Magazine, Sutton, Surrey pages 34, 35, 37

Brelade, Sue, Harman, Chris, Miller, Tony (1999) 'Practical Training Strategies for the Future', Financial Times Management (ISBN 0273633953)

Edward De Bono, (1990) Masterthinkers Handbook, Penguin (ISBN 014014594X)

North, Vanda & Buzan, Tony (1994) Get Ahead, Buzan Centre Books, Bournemouth (ISBN 1874374007)

Apter, Michael (1998) 'Motivation, Emotion & Personality', Routledge

Fritz, Robert (1994) 'Creating', Butterworth Heinemann (ISBN 0750621079)

Goleman, Daniel (1998)'Working with Emotional Intelligence', Bantam

Edenborough, Robert (1994) 'Using Psychometrics: A Practical Guide to Testing and Assessment' Kogan Page (ISBN0749413026)

King, N and Anderson, N (1995) Innovation and Change in Organisations, Routledge (ISBN 0 415 08467 9)

Drucker, Peter (1994) 'Innovation and Entrepreneurship' Butterworth Heinemann (ISBN 0750619082)

Capítulo 5 La gestión en un entorno de conocimiento

Jaques, Elliot and Clements, Stephen (1991) 'Executive Leadership' A Practical Guide to Managing Complexity,' Basil Blackwell (ISBN 1 55786 257 5)

Katzenbach, Jon (1998)) Teams at the Top pub Harvard Business School Press ISBN 0 87584 789 7

Handy, Charles (1985) Understanding Organisations, Harmondsworth, Pelican Books (ISBN 0140091106)

Biehl, Bobb (1995)' Stop Setting Goals – if you would rather solve problems', Moorings, a division of Ballantine Publishing Group (ISBN 0 345 395666 2)

Spencer, J & Pruss A, (1992) 'Managing your Team', Piatkus Ltd (ISBN 0 7499 1295 2)

Tyson, Shaun (ed) (1995) 'Strategic Prospects for HRM', Institute Personnel Development, London (ISBN 0 85292 578 6) Note: Chapter 2 'Changing Work Roles' Alistair Mant

Drucker, Peter (1992) 'Managing for the Future', Butterworth Heinemann

Wilson Graham (1993) 'Making Change Happen', Financial Times Pitman Publishing (ISBN 0273602594)

Índice De Materia

Gestión del conocimiento es la adquisición y uso de recursos para crear un entorno en el que la información es accesible a los individuos y en el que los individuos adquieren, comparten y usan dicha información para desarrollar su propio conocimiento y son alentados y habilitados para aplicar su conocimiento en beneficio de la organización.

Chris Harman y Sue Brelade